DRAGOSTEA UNUI TATĂ

CARE NU A AVUT TATĂ

Andy Hertz

Autorul nu este în niciun fel responsabil
pentru orice utilizare abuzivă sau greşită a conţinutului.
Această carte nu este destinată pentru tratamentul oricărei probleme
de sănătate sau ca un substitut pentru planificare familială sau financiară. Conţinutul acestei cărti nu ar trebui să înlocuiască o consultare cu un cadru competent sau un profesionist în domeniile abordate.
Prezenta publicaţie nu poate fi reprodusă,
stocată într-un sistem de recuperare sau transmisă sub orice formă sau prin orice mijloc electronic, mecanic, înregistrare sau în alt mod, fără permisiunea deţinătorilor dreptului de autor.

DRAGOSTEA UNUI TATĂ
CARE NU A AVUT TATĂ

Copyright © 2021 Andy Hertz

Toate drepturile rezervate.

ISBN: 978-973-0-34343-4

Coperta: Etienne Ionulescu

Dumnezeu să vă răsplătească dragostea!

Dedicată tuturor copiilor din lume,
oricât de tineri sau de bătrâni ar fi ei.

CUPRINS

1 Introducere 9

2 Scrisoarea 1 11

3 Livadă 1 21

4 Scrisoarea 2 35

5 Livadă 2 73

6 Scrisoarea 3 79

7 Livadă 3 137

8 Încheiere 143

9 Mulțumiri 145

Copilăria mea, deși părea a fi fără sfârșit, avea să se termine mult prea devreme, într-o zi de toamnă, odată cu țârâitul unui telefon vechi cu fir. L-am auzit sunând de nenumărate ori de-a lungul anilor, dar fără ca vreodată să mă fi deranjat. Acum, însă, suna pentru ultima oară, iar zdrăngănitu-i lung umplea liniștea apăsătoare din întreaga casă. Niciunul dintre noi, cei doi copii, unul așezat pe canapea și celălalt pe fotoliul vechi de lângă sobă, nu ne încumetam să ridicăm receptorul. Ne priveam adânc în ochi, știind amândoi cine aștepta la celălalt capăt al firului și ce avea de spus. Nu eram pregătiți. Nimeni nu e pregătit pentru asta. Ultimul sunet al telefonului, ca o ultimă bătaie de aripi, se lovise pentru o vreme de toate obiectele din jur, iar și iar, ca valurile printre stânci, ca ecoul unei văi adânci, până ce s-a stins cu totul. Camera în care ne aflam, cuibul copilăriei mele, părea goală și străină, deși toate lucrurile erau la locul lor, rămase neatinse, unele dintre ele mângâiate de primele raze ale soarelui abia răsărit. În timp ce vântul rece îi scutura de ultimele frunze, copacii din drum părea că își întindeau crengile ca să apuce crucea din turnul bisericii ce se oglindea în fereastră. Nu făcusem focul. Era frig, eram copii și era dimineață. Murise mama.

28 octombrie 1999

SCRISOAREA 1

1 Martie 2019, dimineața devreme

Dragostea mea mică,

În spațiul lumii de dinaintea amintirilor tale, am stat o vreme privind câteva foi de hârtie și un creion, adunându-mi astfel gândurile, ca să le pot așeza în cuvinte pentru tine. Acum, între înghițituri din cafea, le aștern, iată, pe albul pe care îți vor rămâne pentru totdeauna.

Dănilă, motanul portocaliu, întins pe balansoarul vechi de lângă sobă, se trezi brusc săgetându-mă cu privirea atunci când ușa, deschisă cu cotul și împinsă cu genunchiul, se lovise de dulap. Urmărit de-un vânt de iarnă care se încăpățânează încă să picteze noapte de noapte flori de gheață pe ferestre, am intrat grăbit în încăpere aducând coșul din nuiele împletite încărcat cu lemne. După ce i-am trântit iernii insistente ușa în nas, mi-am pierdut privirea pentru câteva clipe în flăcările care se ridicau învăluind lemnele aflate dincolo de sticla şemineului. Prin difuzorul vechi ascuns sub fotoliu, o melodie soul blues dansează încă încet alături de cântecul focului. Am tras sub mine scaunul comod şi m-am aşezat pe pătura pufoasă aruncată peste el, în faţa biroului, mutând în acelaşi timp lampa deasupra foilor goale. Lumina de afară nu are putere să ajungă la ele, pentru că norii dimineţii se îngrămădiseră pe cer, astfel încât nu lasă să se ivească încă nici măcar un petic de albastru senin.

Deşi încă nu te-ai născut, simt nevoia să-ţi scriu aceste rânduri, ca să mă asigur că orice s-ar întâmpla în viitor între noi în orice fel, tu să ştii că dragostea pe care ţi-o port nu se va sfârşi niciodată.

Îţi voi lăsa trei scrisori, pentru că numărul trei este magic. Tot ce îţi voi transmite prin acestea este adevărat. Poate prea dur, poate prea mult, dar viaţa plăcută se clădeşte pe adevăr şi pe iubire.

Îţi scriu acum, când încă n-am încărunţit de tot, când încă vârsta mea nu e atât de îndepărtată de vârsta la care te vei aşeza lângă izvorul tău curat sau la o oarecare masă de cafenea cine ştie pe unde şi vei citi rândurile pe care ţi le las pe noptiera vieţii tale. Sper să le păstrezi ca pe un cadou drag primit de la cel mai bun prieten.

Chiar dacă voi trăi sau nu o sută de ani pe Pământ, chiar dacă o voi lua pe arătură sau voi gândi limpede la bătrâneţe, indiferent dacă peste o vreme pur şi simplu voi tăcea sau dacă voi mai avea ceva de spus, fie ce-o fi, tu trebuie să afli cum gândesc la final de tinerețe și ceea ce am să-ți spun acum. Mie nu mi le-a spus tatăl meu, așa că vreau să mă asigur că voi fi făcut tot ce mi-a stat în putere ca tu să afli ceea ce trebuie să-ți comunic.

Îmi doresc ca atunci când vei avea vârsta mea de astăzi și vei simți nevoia să vorbești cu tatăl tău încă tânăr, să găsești gândurile mele de acum pentru tine, oriunde te vei afla, ca și cum am sta față în față.

Ne aflăm într-un Castel, iar în încăperile sau prin grădinile lui nesfârșite poți întâlni tot ce mintea ta poate să gândească. O vreme, ne vom juca împreună prin el ca doi copii. După un timp vom fi adulți, după care vom redeveni amândoi copii.

Peste o vreme mă voi opri în fața unei uși, iar de acolo înainte vei merge fără mine, ca să descoperi restul și sensul vieții tale. Dar oricând vei avea nevoie de tatăl tău, dincoace de acea ușă în dreptul căreia ne vom despărți cândva, mă vei găsi mereu, iar asta nu se va schimba atât timp cât mă vei purta în inima ta. Când vei vrea să vorbim, orice, oricând, voi fi acolo. Eu voi fi tu, tu vei fi eu, iar noi putem fi oricare dintre cei care au fost, iar acum trăiesc prin noi, cei pe care îi purtăm în inimile noastre.

Înainte de noi toți, ...a fost odată ca niciodată, tare demult, un Rege bătrân care domnea peste tot și peste toate atunci, așa cum domnește și astăzi, și orice poruncește se adeverește și prinde formă, așa cum se întâmpla de la început. Regele e bun, iar vocea lui e liniștea. El a clădit atunci, demult, tot ce a fost nevoie ca tu să poți veni pe lume, să exiști. Între timp, mulți oameni au bătut aleile și încăperile Castelului, iar urmele lor încă se văd pe alocuri, dar dovada clară că ei au existat suntem noi, prezența noastră aici.

Castelul cred că există de dinaintea luminii și va fi mult după ce noi vom fi uitați, dar nu știu când se va sfârși. Ne-am născut în lumină, din lumină. Întunericul, cu siguranță veșnic, e opusul a ceea ce există. Ceea ce există a fost făcut, dar întunericul este nimic, nu are energie, nu face ceva, și totuși, umple totul în lipsa luminii. Lumină suntem și noi.

Castelul a fost de dinaintea timpului și va fi, într-o formă sau alta, până dincolo de ultima fărâmă de vreme, dacă acesta are un capăt. Castelul în care trăim nu e neapărat singurul, iar bătrânul Rege poate că domnește și peste alte tărâmuri ciudate, globuri turtite, ceruri, timpuri și lumi. Totul în jurul nostru se schimbă mereu, nici piatra nu rămâne piatră. Nici râul nu rămâne același, nici muntele, toate se schimbă în fiecare clipă.

Castelul e atât de mare încât încape în el și multă durere, foamete, suferință, război, distrugere, adică un climat ce pare nepotrivit sau chiar contra ființei umane, așa cum sunt și acele explozii sau găurile negre din ceruri, dar între toate există lumină, frumusețe și iubire. Frumusețea cerului și frumusețea celor de pe Pământ pare că sunt exact opusul celor pe care nu le înțelegem. Dragostea te așteaptă ca un cuib pufos și cald, printre culori, sunete, flori și multe viețuitoare. În mijlocul lor m-am bucurat de atâtea ori în timpul pe care l-am petrecut deja aici, în viață, înainte de venirea ta.

Nu știu de unde venim sau cum anume a fost legată materia care ne conține, dar știu că ne naștem, ne trezim, în Castel. Nimeni născut aici nu cred că l-a văzut vreodată din afară, iar dacă privim prin ferestrele lui, nu putem vedea prea departe. Ușile și coridoarele sau grădinile par a-i fi nesfârșite, unele întunecate și reci cum e necunoscutul, iar altele scăldate mereu de-o lumină intensă și caldă cum e iubirea. Unele sunt colțuroase, altele se deschid către ceruri, iar multe dintre ele, atunci când le trecem pragul, se transformă în păduri cu poteci și izvoare care, toate adunate, cântă muzica naturii. Multe dintre coridoare duc către locuri de toate culorile, unde găsim oameni și roluri cunoscute sau roluri pe care nu le-am mai întâlnit, ale noastre și ale lor. Puțini oameni au un singur rol în viață.

Niciuna dintre ușile Castelului sau porțile grădinilor lui nu este încuiată cu vreun lacăt, ci oricare dintre ele poate fi deschisă cu puterea minții, oricât de impunătoare ți-ar părea. Trebuie doar să ai curaj și încredere. Călătoria nu e nici simplă și nici plictisitoare. În unele încăperi întâlnim oameni necunoscuți, în altele îi ducem noi pe prietenii noștri. Despre câteva pot doar să-ți povestesc, în altele te pot plimba, iar în multe dintre ele nu voi intra niciodată pentru că timpul aici, în Castel, este limitat pentru fiecare dintre noi în parte.

Castelul conține lumea pe care o înțelegem tot mai bine, descoperind și cucerind în fiecare zi, noi oamenii, mai mult spațiu. Ieșirea de aici nu a găsit-o nimeni încă, dar acea ușă pare că este cea mai căutată.

Dacă ai căutat și ai găsit ușa prin care te întorci în timp ca să mă găsești, cu siguranță că știi mai multe despre mine decât știu eu despre tine astăzi. În fapt, îți scriu, dar încă nu ne-am văzut.

Odată, nu demult, eram și eu copil, iubita mea! Vei vedea, părul meu e puțin alb de-acum, dar ochii-mi vor rămâne mereu aceiași. Ochii pe care îi vei fi privit atunci când mă vei fi văzut pentru prima dată, sunt aceiași ochi cu care citesc aceste rânduri, și sunt aceiași pe care îi vei vedea atunci când ne vom lua rămas bun. M-am născut în Arad, în toamna abia începută a lui 1984, pe 3 octombrie, într-o zi în care nimic altceva interesant prin lume nu s-a întâmplat. Am stat mai puțin de 7 luni în burta mamei, având la naștere aproape un kilogram. Acum sunt de o sută de ori mai greu. După nașterea ta voi împlini 35 de ani în Castel. Acum încep să înțeleg mai multe despre lumea în care trăiesc, așteptându-te pe tine, copilul meu. Sper să nu se adeverească ursita celor care mi-au dorit, atunci când eram încă pui de om, mai în glumă sau mai în serios, ca unică și suficientă răzbunare pentru cumințenia ce mă ocolea adesea, să am parte și eu de un copil exact ca mine.

Neavând eu însumi parte de o copilărie lungă și ușoară, probabil că îmi va fi destul de dificil să fiu un tată suficient de bun, dar nu voi înceta să mă străduiesc, să învăț să fac asta cât mai bine posibil. Am crescut fără tată, iar mama a murit înainte ca eu să devin adolescent, astfel că am doar habar despre cum ar trebui să arate comportamentul unui copil care are o copilărie normală, dacă există aşa ceva. S-ar putea să ne supărăm uneori din cauza faptului că eu îţi voi cere mai târziu, datorită vârstei şi experienţelor de tot felul, să fii şi să faci cum spun eu (dacă se va întâmpla asta, să-mi aduci aminte). S-ar putea să devin critic sau prea pretenţios, aşa că tu ia de bun ce-ţi scriu acum, iar ce-o fi mai târziu, vom mai vedea. Dacă atitudinea ta va fi una diferită de cea pe care am avut-o eu la vârsta adolescenţei, ceea ce ar trebui să se întâmple, s-ar putea ca între noi să apară puţină dezordine în comunicare, în special din cauza mea. A te purta aşa cum îmi amintesc că mă purtam eu în perioada copilăriei, şi cu atât mai mult a adolescenţei, ar fi anormal. Iar dacă te vei purta exact ca şi mine în vremea copilăriei, dacă vei întâmpina greutăţi, sau orice şi oricum ar fi, tot bine va fi, asta e ideea. Între noi fie vorba, nu cred că e cineva normal pe lumea asta, doar că noi ajungem să cunoaştem mulţi oameni la suprafaţă şi puţini în profunzime.

Am decis că e mai bine să-ţi scriu acum, cu răbdare, pentru că multe dintre vorbele importante care ar trebui spuse în timpul vieţii nu vin uşor.

Mă vei fi educat peste vreme aşa cum urmează să o fac pentru tine începând de acum. Chiar dacă sunt ani destui între noi doi, vom fi parteneri de drum prin viaţă pentru o vreme şi chiar dacă ne desparte o bucată de timp, în imaginaţia mea stăm la aceeaşi masă şi vorbim, tot timpul şi la acelaşi nivel, dincolo de joacă, dincolo de bucurii, dincolo de greutăţi, de râsete şi plânsete care invitabil fac parte din existenţa noastră, care s-a nimerit să fie aşa, acum şi aici.

Într-o seară senină, pe când aveam vreo 5 ani, ieşeam de mână cu mama dintr-un pasaj subteran, pe undeva pe lângă gara din Cluj-Napoca, aflaţi în drum spre mătuşa pe care urma să o vizităm. Înainte să urcăm ultima treaptă şi apoi să păşim pe trotuar, am zărit doi tineri, un băiat şi o fată care se sărutau pasional, abia sprijinindu-se de o gheretă de ziare. M-am împiedicat privindu-i, pentru că m-am trezit pentru prima oară într-o scenă de film. Mama aproape că mă târa după ea printre alţi oameni care se grăbeau în ambele sensuri, iar eu priveam printre picioarele lor, tot mai în lateral, apoi tot mai în urmă, mergând împleticit, acel moment de pasiune şi frumuseţea fetei creţe cu părul bogat şi roşu. Mă surpinse dorinţa celor doi de a se apropia astfel unul de celălalt, nestingheriţi de forfota şi privile trecătorilor. Acum, când scriu, mă gândesc că acea fată frumoasă şi tânără e vreo femeie oarecare în vârstă de peste 50 de ani, care, foarte posibil, îşi ceartă copiii pentru te miri ce. E femeia pe care o întâlneşti la piaţă, într-o instituţie publică, la biserică sau în autobuz, iar băiatul ar putea fi acum un tată tăcut şi ocupat. Un lucru e sigur, a trecut vremea, vremea asta care nu iartă pe nimeni. Viaţa e formată din clipe, iar unele ne rămân în minte pentru totdeauna. Poate că doar pentru câteva clipe trăim viaţa întreagă...

Mulţi părinţi îşi doresc pentru copiii lor ceea ce nu au avut ei înşişi în copilărie. Acum, cât mă mai aflu în tabăra celor mici cu un picior şi n-am păşit cu totul în tabăra cocoşaţilor, îţi spun că va trebui să-ţi descoperi propriul drum, propriile plăceri, talente şi visuri, desigur, primind cât de multă educație și iubire din partea noastră, a părinților tăi. Degeaba îmi doresc eu să faci școala la Timișoara, Cluj, București, Berlin sau Londra, ca să înțelegi viața asta într-un context global, când tu poate vei iubi florile și îți vei dori să te ocupi toată viața de ele, să trăiești în mijlocul lor, fără să-ți pese prea mult de ceea ce se întâmplă peste deal sau peste mări și oceane. Va fi alegerea ta, iar provocarea mea va fi să ți-o respect. Dacă un copil nu se simte respectat, acceptat și iubit, va pleca, așa ca oricare altă ființă inteligentă. Important va fi să poți alege, nu să ai o singură variantă pentru viitor. Să înțelegi la ce renunți și pentru ce, atunci când nu le poți avea sau face pe toate.

Tinerețea sau copilăria se pot derula în imagini distorsionate de timp în mintea multor părinți. În vremea copilăriei, pruncul trebuie să fie prunc și sper să mă înveți tu mai multe despre asta.

Trăim la munte, vei vedea, într-un cătun din Apuseni. Aici e căsuța din lemn care te așteaptă, între motani, căței, găini, dar și o grămadă de păsări care umplu cerul zilelor senine. Te așteaptă un mediu cald, o mulțime de cărți, prieteni, o grădină verde, multe proiecte, instrumente muzicale, jocuri, hrană din grădină și un izvor curat, natura și o lume extrem de interesantă aici, dar și dincolo de acești munți sau de mările îndepărtate. Vei avea o călătorie minunată, dar și complicată, fapt pentru care va fi interesantă. Ar fi bine ca la finalul drumului pe care urmează să pășești, să fii mulțumită. Sfaturi pentru asta îți voi lăsa în ultima scrisoare, cea de-a treia, pe care o voi scrie imediat după venirea ta pe lume. Apoi, le voi pune pe toate trei în cutia pregătită de mama ta, unde vom păstra primele tale lucruşoare. Te vei bucura să vezi peste ani prima hăinuţă a ta şi să realizezi cât vei fi fost de mică. Te va amuza să zgândări la maturitate prima jucărie pe care vei fi pus mâna pe lumea asta.

Doctorul a calculat că te vei naşte pe 27 iunie.

Te aştept, te iubesc, îţi vorbesc, îţi scriu, îţi simt prezenţa şi ştiu că mă auzi.

Cu dragoste nesfârşită,
Tata

LIVADĂ 1

Se întâmplă aproape în fiecare zi să petrec minute în șir plimbându-mă prin jurul casei fără o țintă precisă, timp în care privesc cerul și dansul norilor sau mă așez pe o bancă, pe un lemn sau chiar pe iarbă, ascultând cu ochii închiși sunetele care mă înconjoară și care parcă se înmulțesc atunci când încerc să le deosebesc.

Astăzi, soarele dimineții s-a strecurat prin fereastră și m-a trezit lin, așa cum se întâmplă în multe dintre diminețile zilelor lungi de vară.

După micul dejun și câteva treburi zilnice, mi-a luat puțin să urc treptele de pământ fără să grăbesc pașii, până la vatra focului care luminează serile în care cântăm sau povestim împreună cu prietenii noștri. Ne aflăm pe versantul unui munte însorit pe toată perioada zilei, cu vedere largă spre un altul aflat dincolo de valea adâncă ce-i desparte. M-am așezat pe una dintre băncuțele aranjate în cerc și pentru o vreme am privit în depărtare printre copacii din livadă, apoi am ridicat ochii spre cer și pe urmă i-am închis. În jurul meu iarba dansa mângâiată de un vânt cald și blând de vară. Am inspirat, lung și profund, simțind cum aerul curat intră și mă umple, împingându-mi burta în afară. E un exercițiu sănătos.

Deschizând apoi ochii, după ce mi-am odihnit mintea în muzica naturii, am simțit cum am pierdut controlul asupra respirației. Priveam o femeie care ședea pe banca din fața mea. Frumusețea ei, dincolo de trăsături, venea din lumina ochilor cu care mă fixa, lumina aceea care licăre în ochii mamei care-și privește copilul mult iubit, sau ai copilului căruia îi e dor de părintele lui. Chipul ei nu numai că îmi era familiar, dar semăna cu mine și avea vârsta apropiată de a mea, trădată și ea de câteva fire albe de păr între celelalte de culoarea apusului de soare. Era îmbrăcată într-o rochie plină de culori și părea ruptă dintr-un câmp de flori.

Ne-am privit lung, așa cum privești o fotografie a unui om drag de care îți e dor, fără să clipești.

— De unde ai apărut? am întrebat-o, rupând tăcerea dintre noi.
— Din viață! răspunse repede, veselă și drăgălașă.

Nu știam ce să spun. N-am mai făcut asta niciodată.

— Sunt fetița ta! continuă ea, fixându-mă cu ochii-i mari și albaștri, ca și cum i se părea firesc să vorbim, să ne întâlnim astfel.
— Serena încă nici nu s-a născut, i-am spus surprins, întorcându-mi privirea către cireș ca să mă asigur că eram tot acolo, în livada de deasupra casei, pentru că timp de câteva secunde m-am simțit mutat cu totul într-

o altă lume. Surprinzător, nimic în jur nu s-a schimbat, cireșul era tot acolo.

— Am găsit trei scrisori în cutia cu lucruri din copilăria mea...

— Abia ți-am scris una!, am contrazis-o eu, ca să îmi dea mai multe detalii, să mă asigure că e adevărat.

— Le-am citit pe toate trei, răspunse Serena netulburată. În prima dintre ele m-ai învățat că pot să te găsesc cu puterea minții oricând simt nevoia să stăm de vorbă. Mi-ai spus că trăim în Castel, iar aici putem întâlni tot ce mintea poate să cuprindă.

— În camerele sau în grădinile lui nesfârșite!, am replicat, ducându-i gândul mai departe, cu voce blândă.

— Am găsit ușa dincolo de care te pot găsi oricând, și iată, suntem acum și aici amândoi, așa cum ți-ai imaginat.

— La aceeași vârstă, față în față!

Asta înseamnă că vine din viitor, mi-am spus în gând. Oare ne aflam în timpul ei sau în timpul meu? Sau timpul s-a risipit și am rămas doar noi?

— Nu am îndrăznit să te caut mai devreme, nici nu credeam că asta se poate întâmpla! Dar iată-mă aici. Am vrut să te văd tânăr, înainte de nașterea mea.

Serena continuă:

— Iar pentru că ne-am întâlnit astfel, te rog să îmi povestești orice dorești. Despre tine copil, despre ce mi-ai scris în scrisori, sau mă rog, îmi vei scrie...

— Îmi doream și eu să vorbim astfel, de asta ți-am

scris, doar că nu îmi vine uşor să-mi găsesc cuvintele.

— Spune-mi orice!

Îndemnul Serenei venea ca o uşurare, pentru că nu ştiam ce să spun mai repede, dar în fond, vorbeam cu fetiţa mea, cu cel mai bun prieten al meu. Dacă ea nu mă înţelegea, cine oare să mă fi înţeles?

— Bine! i-am răspuns hotărât, în timp ce un fluture, mai viu colorat decât am văzut vreodată, tocmai zburase printre noi captându-ne atenţia şi făcându-ne să-l urmărim. Se aşeză pe spătarul băncii pe care stătea Serena, oprindu-se parcă să ne asculte povestea.

— Tocmai de asta ţi-am scris, pentru că vorbele nu vin uşor. Nu mai e mult până la naşterea ta. Acum, că eşti aici, înseamnă că totul va fi bine, dar întâlnirea noastră pare a fi ireală. Venirea ta pe lume, faptul că tu exişti, îmi schimbă viaţa cu totul. Şi pentru că eu nu am avut parte de comunicare reală cu părinţii mei, mă simt obligat să îţi comunic cât mai multe şi cât mai deschis. Iar mama ta face la fel. Între noi lucrurile trebuie să fie lămurite şi gândurile spuse, aşa cum ar fi minunat să se întâmple între toţi părinţii din lume şi copiii lor.

Fluturele îşi luase zborul în cercuri printre noi, până ce se pierduse, odată cu privirile noastre, printre pomii verzi din livadă. Cântecul naturii nu se opri, ci în jurul nostru pulsa viaţa întreagă, lucru cu care eram obişnuit, pentru că aici trăiam de-atâta vreme.

— Acum, că încerc să-mi amintesc de vremea în care eram copil, tare mi-aș dori să fi găsit atunci o cutiuță în care mama, dar și tata, să îmi fi lăsat măcar câteva rânduri de scrisoare, așa cum ți-am lăsat eu ție și așa cum ți-a trimis și îți va trimite mama ta o mulțime de email-uri. Câteva cuvinte scrise pentru mine poate că ar fi fost suficiente pentru a fi pus în ordine multe dintre cuburile pe care le-am găsit răsturnate atunci când am venit pe lume.

— Vrei să îmi spui despre ei? spuse Serena cu o voce care purta în ea gingășie și curiozitate.
— Îmi e greu să îți vorbesc despre ei, am răspuns ferm. Nu mi-am lămurit lucrurile și nici ei nu s-au lămurit cu privire la mine. Îmi pare rău că nu am apucat să-i spun unele gânduri mamei, a fost prea târziu. Totuși, sunt sigur că a știut ce aveam să-i spun. Iar cu tata am vorbit nu demult la telefon și…
— Și n-ai simțit nimic, altfel te-ai fi dus să-l cauți, spuse Serena, știind deja ce urma să-i spun, ce aveam în suflet și cu siguranță tot ce aveam să-i scriu în următoarea scrisoare.
— Știi, continuă ea, poți vorbi cu ei chiar acum. M-ai învățat că ne putem găsi oricând cu puterea gândului și iată-mă aici. Îi poți găsi pe ei în același fel.
— Nu am avut niciodată curaj să fac asta!
— Iată-mă aici, în fața ta!

Știam amândoi că funcționează și că puteam vorbi cu mama chiar în clipele următoare.

— Nu ești singur, iar eu te pot ajuta. Ea te va vedea

numai pe tine, pentru că acum tu ești cel care o caută. Fă-o, de dragul lucrurilor lămurite!

Serena se ridică, făcu doi pași și se așeză lângă mine.

— Închide ochii și respiră, îmi spuse cu blândețe, ghidându-mă ca un adevărat terapeut.

În jurul nostru iarba își continua dansul, iar frunzele copacilor foșneau, mângâiate de vântul cald și moale, iar soarele făcea părul Serenei să sclipească în cascade. Am tras aer adânc în piept, iar când l-am eliberat, Serena mă atenționă cu seriozitate:

— Pe băncuța din fața noastră se află mama ta, bunica mea. Curaj, tată! Haide!

A durat puțin ca ochii să mi se obișnuiască cu lumina, apoi imaginea neclară a siluetei din fața mea se limpezi și într-adevăr mama, de care îmi era atât de dor, stătea pe banca din fața noastră și mă privea cu același drag, cu aceeași iubire care mi-a învăluit copilăria și care mi-a hrănit sufletul pentru toți anii vieții mele.

Am strâns cu forță în palme scândura băncii atunci când am văzut-o, dorindu-mi să o strâng pe ea la fel de tare în brațe.

— E real? am întrebat-o mirat pe Serena, ca să-mi confirme că nu era doar un vis, că mama, chiar acolo, chiar atunci în fața mea, mă putea auzi.
— E foarte real, îmi șopti apăsând cuvintele. Mama

ta e aici, gata să te asculte.

— Aș vrea să mă ridic! am spus grăbit, ca și cum aș fi cerut să fiu descătușat, strângând și mai cu putere scândura, încât degetele începuseră să mă doară.

— Spune-i ce simți și nu mai vorbi cu mine acum, îmi șopti Serena, ca și cum s-ar fi retras, lăsând limpede tot decorul construit parcă numai pentru mine și mama.

Atât de reală, atât de vie și atât de aproape. În loc de privirea pe am văzut-o ultima oară, era acum mama plină de viață și culoare, iar părul ei bogat, mângâiat de vântul moale, strălucea în lumina caldă a soarelui. Îmi zăream oglindirea în ochii ei și îi puteam număra pistruii de pe nas, iar dacă am fi întins amândoi mâinile unul către celălalt, ni le-am fi putut atinge. Stăteam privindu-ne cu atât de mult drag, dar simțeam cum iubirea, pacea, tristețea, durerea, furia și dorul care mi s-au cuibărit în suflet pentru atâta timp, îmi pulsau în tâmple, îmi strângeau pielea și îmi umezeau ochii, ca și atunci, demult, când am înțeles, în noaptea târzie în care ne-am văzut pentru ultima oară.

După o lungă tăcere, cuvintele ieșiră singure din inima mea:

— Mi-a fost dor de tine!

Mama mă privea și îi puteam citi dragostea în ochi, dar tăcea. Lăsa spațiu răbdătoare, dându-mi voie să eliberez ceea ce am adunat în inima mea în timpul care ne-a despărțit.

— M-am gândit de atâtea ori la tine!

Am observat că își împinse mâna spre mine, ca și cum ar fi vrut să o ridice de pe genunchi și să mă atingă, dar se opri, iar eu nu mai știam ce să cred. Dar aveam parte, iată, de-o ocazie nebănuită de a vorbi cu mama, așa că în loc să mă întreb ce se întâmpla, am profitat de timp să-i spun ce îmi venea în minte. Lăsam cuvintele să-mi curgă afară din suflet, fără să le aleg.

— N-am avut niciodată ocazia să-ți mulțumesc, decât prin rugăciuni, pentru că mi-ai dat viață și pentru că m-ai iubit! Mi-ai lipsit de multe ori. Speram mereu că mă vedeai de undeva din ceruri și că erai mândră de mine. Mi-a fost greu după ce te-am pierdut, dar am avut toate motivele să lupt, iar muncind și învățând tot mai multe lucruri, mi-am dat seama că puteam și mai mult. Nu le-am făcut pe toate bine, am și greșit de câteva ori, dar nu atât încât să regret prea mult. M-am pierdut pe alocuri, dar mereu mi-am revenit. Asta trebuie să știi, pentru că asta îți era îngrijorarea. M-am descurcat!

M-am oprit, ca să știu că mama mă putea urmări și după ce ea îmi făcu un semn de aprobare cu capul și zâmbi, am continuat:

— Îmi amintesc când veneam să te văd la spital, când mă spălai, când mă așteptai îngândurată, când îți răspundeam obraznic. Îmi amintesc de siguranța și pacea din casa noastră, de toate cele pe care le-ai construit în jurul meu pentru a mă putea bucura de anii copilăriei.

După ce mi-am umplut plămânii de oxigen printr-o inspirație lungă, mi-am mutat privirea către pământ, continuând:

— N-am suferit atât de mult când ai plecat, cât am suferit când te vedeam bolnavă. Atunci m-a durut cel mai mult, pentru că nu era nimic de făcut. Tot ce puteam face a fost să așteptăm ziua eliberării tale din lanțurile bolii. Iar plecarea ta devreme m-a învățat să comunic mai departe, să spun ce e de spus. E lucru mare!

Mama asculta răbdătoare, clipind rar și privindu-mă cu atenție, sclipirile ochilor ei potrivindu-se mai bine cu zâmbetul ce îi lumină privirea îndată.

— Ai o nepoțică! De fapt încă nu s-a născut, dar e aici. Inima ei bate. I-am pus numele Serena. Când am aflat că voi fi tată, m-am gândit la tine. M-am gândit la noi. M-am temut de faptul că nu voi știi să am o relație, pentru că n-am văzut una în copilărie, acasă. Nu știu dacă voi fi un tată bun, deși îmi doresc ca de aici mai departe să pornească totul bine, atât cât ține de mine. Firul acela care leagă oamenii, animalele, munții și izvoarele, luna și soarele..., credeam că pot să-l rupă moartea, tristețea, timpul, pentru că asta simțeam atunci când am rămas fără tine. Mi-ar fi plăcut să fi avut un minut de comunicare cu tine, o discuție de oameni mari, atunci. Singura dată când am comunicat matur amândoi a fost atunci când mi-ai vorbit doar cu ochii, atunci când nu mai aveai glas. Atunci a fost prima și singura oară când noi doi am vorbit cu adevărat, ca doi oameni mari! Și iată, acum, ți-am putut spune toate acestea. Dar, dragostea ta a rămas, iar acum știu că ai fost aici mereu, că mâinile tale au stat tot timpul pe umerii mei. Uneori merg în fața unor pietre și-ți vorbesc aprinzând o lumânare. Dar știu că nu acolo ești tu, ci aici! Chiar aici!

Mama aștepta parcă să-mi trag sufletul, apoi vorbi cu calm, cum nimeni altcineva, ci numai ea îmi poate vorbi, după mii de zile în care nu îi auzisem glasul, ba chiar aproape că îl uitasem.

— Dragul meu, aș fi vrut ca toate să fi fost așa cum știm, așa cum bănuim că se petrec în alte familii și astfel le e bine. Aș fi vrut să fi fost altfel, să fi fost normal, dar nu fi sigur că normal e și bine. Am fost cu tine clipă de clipă și voi fi mereu cu tine. De la bunicii tăi și bunicii mei am învățat că familia trebuie unită, că trebuie să ne respectăm reciproc și că trebuie, neapărat, să avem grijă unii de ceilalți. Dar uite, nu am reușit să duc lucrurile la capăt pentru că a trebuit să plec. Poate vei reuși tu sau poate nu, dar știi cum se spune, nu poți vedea cerul înstelat în timp ce soarele strălucește pe cer. Toate au un rost, să fii sigur de asta! N-am suferit niciodată mai mult și orice piatră aș fi dus vreodată pe umeri, n-ar fi fost mai grea decât durerea ce m-a strivit când te-am văzut pe tine cu lacrimi în ochi. Nimic nu m-a durut mai mult decât să știu că nici eu nu pot face nimic, iar tu vedeai asta. Mama ta, omul care-ți părea atotputernic și atotștiutor, care trebuia să-ți arate că lumea nu îți e potrivnică, ci un loc minunat, sigur și ferit, omul acela a fost învins într-o luptă pe care nici el nu a înțeles-o.

Mama se oprise, iar eu nu știam ce să spun. Simțeam

că mai avea ceva de spus, așa că am așteptat. După câteva clipe zâmbi și continuă:

— Vei fi copilul meu și atunci când mâinile tale vor fi obosite de vreme. Te voi iubi la fel, te voi vedea la fel. Corpul care îmbătrânește și părul care albește nu vor schimba niciodată legătura dintre părinte și copil. Dar nimic din ce am făcut în viață și oricâți copii am educat, nu sunt toate la un loc atât de mari cât bucuria de a ține copilul tău în brațe, așa cum te-am ținut pe tine. Să țin în palme rodul rodului trecerii mele prin viață, aici, în brațele mele, aici, în brațele tale, aici, în brațele bunicilor și străbunicilor tăi, rodul și rostul tuturor celor care însemnăm familia noastră. Dar, atunci când o vei lua în brațe pentru prima oară și o vei privi în ochi, voi fi acolo, în ochii tăi, în ochii ei! Voi fi acolo! Trecutul nu-l poți schimba. Dacă trăiești cât mai frumos și cât mai fericit, și dacă îi poți face fericiți și pe cei din jurul tău, aducând pe lume și copii, rostul meu va fi împlinit, dacă nu cumva e deja. Tot ce faci, tot ce rostești, mă conține și pe mine și pe atât de multe generații din urmă care nu s-au pierdut, ci trăiesc prin tine și vor trăi prin Serena. Te-am îmbrățișat de atâtea ori. Uneori ai știut, alteori nu. Credeai că e vântul sau căldura soarelui, ori iarba, dar tot timpul am fost cu tine, lângă tine, pentru că...

— Pentru că te-am purtat în inima mea!

— Pentru că m-ai purtat în inima ta, spuse mama zâmbind. Orice vietate atinge lumea asta într-un fel sau altul, așa cum mărul va lăsa semințe de puieți de măr în jur sau doar va oferi mere viețuitoarelor care se vor hrăni cu acestea, ca mai apoi ele să aibă energie să călătorească. Toate se leagă, dar orice mişcă şi are viaţă, la un moment dat pleacă din lumea fizică, transformându-se în materie. Important e ca în toate să fie iubire, pentru că iubirea rămâne. Asta e tot ce contează.

Ne-am privit cu atât de mult drag, mult cât dorul acela pe care abia îl mai purtam.

— Spune-mi despre tata! am îndrăznit, ridicând fruntea drept şi scoţând pieptul înainte, ca şi cum m-aş fi pregătit de luptă.

Mama a făcut o pauză lungă în care parcă şi-ar fi căutat cuvintele.

— Pe cum îţi vor trece anii, vei înţelege tot mai limpede ce s-a întâmplat între noi şi ce se întâmplă în multe alte familii. Despre tatăl tău, îmi pare rău că nu ţi-am explicat atunci când ar fi trebuit, deşi nu e nimic interesant de înţeles. Pur şi simplu, te-am dorit! Amănuntele contează mai puţin, dar important e că n-a fost nici vina ta, nici vina mea, nici vina lui. Viaţa e aşa, uneori nu merge cum ai vrea şi nu te poţi opune. Şi dacă nu se întâmpla deloc, tu nu te-ai fi născut. Nici Serena n-ar fi fost. Lucrurile care nu se discută pot rămâne peste generaţii asemenea unui blestem se pare. Asta regret şi eu, că n-am vorbit atunci când ar fi trebuit.

Mama îşi puse palmele împreună ca şi cum s-ar fi rugat ca eu să înţeleg. Nu se putea altfel decât să trecem peste asta odată pentru totdeauna şi să lăsăm mai departe vorbele venite din inimă să curgă.

— Vei vedea, vei înțelege, când îți vei privi copilul în ochi, că acel fir de iubire a rămas în urma mea și ne va lega mereu. Toți suntem legați unii de ceilalți și vom fi împreună întotdeauna. Te iubesc, așa cum îți vei iubi tu copilul. Ne vom privi în ochi mereu și vom simți iubirea adunată în ei. Privește-ți ochii în oglindă și mă vei vedea în ei, atunci când îți va fi dor de mine. Privește-ți copilul în ochi și vezi departe în trecut și-n viitor.

Am tras aer adânc în piept, apoi i-am dat drumul încet închizând ochii și încercând să-mi imaginez viitorul privit în ochi, dar când mi-am ridicat privirea, mama nu mai era acolo.

Privind cerul senin, i-am răspuns mamei:

— Am rupt blestemul!

După o vreme de tăcere m-am întors către Serena, iar ea părea mulțumită.

O priveam acum în ochi și parcă nu mai înțelegeam ai cui să fie... ai ei, ai mamei sau ai mei?

SCRISOAREA 2

15 Aprilie 2019

Puiul meu drag,

ziua ta de naștere se apropie și abia așteptăm să te vedem. Mișcările din burta mamai tale sunt tot mai dese și mai putenice. O grămadă de lucrușoare, hăinuțe și jucării colorate te așteaptă prin toată casa. Mama ta ți-a pictat animăluțe și multe flori pe pereți. Până când le vei vedea, îți scriu cea de-a doua scrisoare pe care ți-am promis-o în mintea mea.

Îți voi vorbi despre mine și despre familia mea, pentru că asta simt să fac, iar mama ta îți trimite email-uri despre ea și despre bunicii tăi din partea ei. Venind dintr-o familie incompletă, pierderea mamei la o vârstă fragedă m-a debusolat pentru multă vreme. Totuși, am înțeles că ceea ce am trăit eu, într-un fel sau altul se aseamănă cu ceea ce au trăit o mulțime de oameni, adică multe familii sunt disfuncționale sau oamenii au parte de diverse probleme care le strică armonia pentru o vreme sau pentru toată viața. Adică nu sunt singurul care a întâmpinat probleme pe drum, dar în vremea copilăriei credeam că doar mie mi se întâmpla.

Voi împlini 35 de ani la câteva luni după nașterea ta, dar îmi imaginez că avem aceeași vârstă, iar eu îți povestesc toate cele ce urmează. Vei citi scrisorile atunci când vei putea cel puțin să guști din spuma unei beri, dar imaginația mea scurtează distanța dintre noi și dintre spumele berilor noastre. Cumva, ca-n povești, îți scriu o scrisoare acum, iar tu o găsești peste ani, ca și cum s-ar întâmpla peste câteva secunde.

Comunicarea sinceră dintre noi este esențială în ceea ce se va numi găsirea identității tale, pentru că ceea ce sunt eu va duce, în mare măsură, la ceea ce vei fi tu.
Trebuie să știi prin ce am trecut și ce am învățat, ce m-a transformat dintr-o posibilă victimă într-un învingător. Victime sunt cei care nu își trăiesc viețile, cei care nu folosesc timpul ce li s-a dat, cei care se pun în fund și plâng sau bat din picoare pentru că nu au îndeajuns. Ei se pot considera victime, și mulți o fac neîncetat. Noi, cei care folosim timpul, energia și talentele noastre, noi cei care ne bucurăm, muncim și iubim, noi cei care facem tot ce putem mai bun cu ceea ce ni s-a dat, cei care păstrăm și cuprindem cât mai multe în inimile noastre, noi cei care ardem ca o torță și trăim intens, suntem învingători! Adică, ne trăim viețile cu demnitate și facem din ele ce putem mai bun! Că doar ce altceva ar fi mai potrivit de făcut cu ele?!

Cine sunt, cine suntem noi, cine ești tu?

Greu de răspuns. Unii spun că ești ceea ce faci. Alții spun că ești ceea ce gândești sau ești ceea ce ai și ce muncești. Eu spun că suntem câte o părticică din bătrânul Rege care domnește peste tot și toate, dar nu putem înțelege tot ce trăim și tot ce e dincolo de ceea ce vedem cu ochiul liber sau auzim dacă închidem ochii și ascultăm. Un lucru e sigur, acela că eu și tu suntem semințe care au devenit lăstari din fructele unor copaci care la rândul lor au fost lăstari. Cine știe când a început asta, câte generații și mai câte au trăit, au iubit, au muncit și au suferit, pentru ca noi să fim astăzi aici, într-un timp în care se trăiește mai bine și mai ușor decât oricând înainte.

Mare parte din ceea ce sunt, datorez faptului că am copilărit la marginea pădurii, că am respirat aerul ei, că n-am fost străin de locurile în care natura îți bate cu crenguțele ei în geamuri. Dacă mă întorc cu gândul în urmă cu nici treizeci de ani și deschid ochii din nou în lumea copilăriei mele, simt cum mă cuprinde bucuria, sentiment pe care urmează să-l trăiești și tu din plin în următorii ani sau poate chiar pentru toată viața.

Prima imagine din existența mea care mi-a rămas în memorie este aceea că mă aflam într-un cărucior de copii și loveam gardul viu pe lângă care coboram, pe strada cu platani, la Săvârșin, în fața unui bloc cu un etaj. Apoi, aleatoriu, îmi amintesc trenurile din gară și momentul în care am văzut pentru prima oară marea. Ghidonul bicicletei și drumurile se derulează în mintea mea ca un film, apoi cărările și cotloanele pe care pedalam zi de zi, până ce soarele aluneca încet după dealuri. Lucruri simple. Primăvara și toamna cu frunzele lor nou născute sau uscate, cu ploi și ceața dimineții, toate mi-au făcut copilăria bogată, în vremea aceea în care lucrurile stăteau cu totul altfel. Dar nu peste multă vreme viața s-a schimbat. Aveam să descopăr noi uși și încăperi în Castel, locuri, roluri și experiențe despre care nici n-aș fi bănuit că există.

Am crescut numai cu mama, bunica ta, a doua născută și ultimul copil al străbunicilor tăi din partea ei, într-un mediu cald, calm, plin de dragostea, încurajarea, atenția și afecțiunea ei, unde m-am simțit respectat, iubit și bine îngrijit. În partea copilăriei mele pe care o țin minte, aveam la masă doar două farfurii, în afară de zilele cu oaspeți, iar pe raftul oglinzii din baie două periuțe de dinți. Mama era înaltă, elegantă și plăcută. Dacă nu muncea la grădiniță ca educatoare, dacă nu se juca cu mine sau nu citea tot felul de cărți, dacă nu gătea, dacă nu asculta radio sau vreun concert tv, sau dacă nu venea vreo prietenă de-a ei la o cafea, atunci dezlega nesfârșitele integrame de mare dificultate la masa din coridorul ce dădea spre curte. Mă obișnuisem cu vizitele prietenelor ei, dese și pline de discuții politice. Plângea de supărare când vedea la televizor știri despre agresiunile minerilor în București sau te miri ce alte vești, vremuri în care România își revenea din buimăceala de după revoluția din '89.

Nu am dus lipsuri de bunuri uzuale sau de mâncare, dar nu ne permiteam prea multe. Am fost în două excursii împreună, la rude plecate definitiv în Augsburg și Budapesta. Din Germania m-am întors cu 100 de mărci primite de la rudele de acolo. Chiar dacă nu stăteam bine cu banii, din cauza faptului că un părinte singur nu se descurca ușor dintr-un salariu de bugetar în acea vreme, copilăria mea a fost una bogată și veselă. Prin 1991 au început să vină camioane pline cu haine și tot felul de lucruri din Germania, ca ajutoare, astfel că toți copiii comunei am primit mai multe biciclete în decursul anilor ce au urmat. O semicursieră nemțească în acei ani ar fi costat imposibil de mult, și iată, aducea odată cu învârtirea roților și cu vântul care îmi suflase nu odată șapca de pe cap, o bucurie imensă care se repeta zi după zi. După câte pățanii și de câte căzături am avut parte, faptul că am rămas fizic întreg e mai mult o minune decât un noroc, pentru că noroc nu poți avea de zeci de ori la rând. Fiecare zi senină se trasforma repede în câte un nou prilej de a explora dealurile, văile, ulițele și însemna mișcare, aer curat, libertate, în vreme ce zilele ploioase sau reci se trasformau în ocazii foarte rar ratate pentru jocuri ca nu te supăra frate, moară sau șah.

Nicidată nu am fost bătut sau abuzat în vreun fel, dacă excludem câteva scurte „derapaje părintești" venite din incapacitatea de a gestiona lucrurile altfel, cum ar fi trasul de perciuni sau pedepse venite pe bună dreptate, atunci când călcam grav pe bec. Nu aveam voie să folosesc bicicleta trei zile, după ce am furat bani de la mama și i-am pierdut la poker, dar mai importantă decât pedeapsa a fost discuția, din care chiar am înțeles că am greșit, și chiar dacă n-am spus-o atunci suficient de limpede, mi-a părut rău, înțelegând ce făcusem.

Trăiam în casa cu 4 geamuri la stradă, vis-à-vis de restaurantul animat ani și ani de zile de aceeași mână de petrecăreți care, dacă mai trăiesc, probabil că sunt acolo și astăzi, povestind, cântând sau urmărind câte un meci de fotbal la istoricul televizor Nei, în fața bătrânelor pahare. Îl mai găseam pe câte unul dintre ei dormind pe sub o tufă dintre cele veșnic verzi din fața geamurilor de la drum. Uneori mergeam la geam ca să văd ce se petrecea pe terasa restaurantului aflat la umbra bisericii catolice, mai ales când auzeam cântece și trosnituri de sticle, probabil halbe cu bere, apoi mă întorceam la treburile mele.

Casa mi se părea atât de mare pe atunci, pe când ședeam pe scăunel la măsuță și făceam bastonașe.

Bunicii mei materni, străbunicii tăi, au murit înainte ca să-i mai pot ține minte, dar ne-au lăsat niște lecții importante. Nu i-am prins prea mult în viață pentru că și ei au făcut copiii cam târziu, iar mama m-a născut la 39 de ani, lucru des întâlnit în țările civilizate, însă la noi în România privit mai degrabă ca fiind o dovadă de comportament rebel. Poveștile despre bunicul meu, mereu preocupat de muncă, au fost și vor rămâne pentru mine magice, ca dintr-un basm. Imaginea lui rămasă ca simbol al corectitudinii și lucrului bine făcut, o păstrez în minte ca pe o rugăciune și ca pe un țel. A fost omul legendă, care făcea lucrurile bine, serios și respectat de toată comunitatea. Cu siguranță că a avut și defecte, dar, în general, amintirea lui a rămas una curată, astfel că tind să cred că majoritatea lucrurilor pe care le-a făcut

și principiile lui de viață au fost sănătoase.
Mâna de fier a bunicii unea cu înțelepciune familia. De sărbători, casa din Săvârșin găzduia toate neamurile la masa întinsă în sufragerie, lucru păstrat și de către mama o vreme, cât a fost în putere. Bunica a știut nu numai să aducă familia laolaltă, ci și să ne sudeze pentru totdeauna.
Bunicii noștri, lumină unul pentru celălalt, dar și pentru întreaga familie, nu trăiau doar pentru ei înșiși, ci pentru noi toți împreună.

Mama mă împingea să învăț carte cu o insistență care trăda un fel de disperare, școala devenind pentru mine mai mult o povară decât o plăcere, deși aveam toate motivele și tot ajutorul să o fac bine. Asta a devenit temerea ei cea mai obositoare, că voi ajunge un derbedeu, pentru că mă scăpase de sub contol, și știa că fără școală și fără un ajutor considerabil din spate, aveam mari șanse să ajung un terchea-berchea, iar pentru ea anii treceau mai apăsător odată cu înaintarea spre vârsta de cincizeci de ani, de mână cu un prunc.
Școala mi-a mâncat zilele. De exemplu, m-am dus într-o dimineața la ore cu un verb conjugat pe o hârtiuță în buzunar, pus acolo de către mama, să-l citesc pe drum. Sigur că n-am citit, folosind acel timp ca să povestesc cu colegii cu care m-am întâlnit mergând. Am primit test scris un verb de conjugat. Am luat nota patru. Acasă, i-am spus mamei ce test am primit, iar ea mi-a amintit de hârtie, și când am scos-o din buzunar și am privit-o, era scris pe ea exact acel verb în toate formele, care mi-a fost dat ca test. Puteam să fi copiat și, totuși, mintea mea zbura în alte locuri mai colorate decât

cerneala stiloului chinezesc. De asta nu te voi certa niciodată pentru note, pentru că știu că te vei descurca în viață dacă vei face ceea ce îți va spune inima, dar școala e importantă și trebuie să treci prin ea din mai multe motive, cum ar fi nevoia de a învăța bazele unor materii, scrisul corect, calcule matematice, dar și pentru a asimila abilități de ordin social. Facultatea o vei face doar dacă vei dori să înveți cu adevărat despre un anumit domeniu. Altfel, e plin de oameni cu facultate care activează în locuri de muncă unde nu e nevoie de ea. Important e să gândești cu mintea ta și să descoperi ceea ce vrei să faci. Ce vrei să faci și cum afli ce vrei să faci, ține de relaționare, de anturaj, de experiențe, de copilărie și exemplele pe care le ai în jur. Cu cât vei afla mai devreme ce vrei să faci în viață, cu atât mai bine, iar dacă mai târziu vei schimba domeniul de activitate, iar bine.

De multe ori mă gândesc la ce am fi putut fi noi ca familie, mai ales atunci când trec pragul unor prieteni care au și părinți, și bunici, și străbunici într-o casă.

Babi mi-a fost bunică adoptivă, o bătrână cu părul alb, adunată și obosită de vreme, care îmi spunea deseori că a trăit prea mult. A avut grijă de mine după ce bunica a murit. Îți spun despre ea pentru că, despre bunicii mei, străbunicii tăi, nu îmi amintesc deloc. Nu mai rețin când anume s-a născut Babi, dar știu că a murit înaintea mamei, la aproximativ 84 de ani. În multele seri în care am rămas să dorm la ea, îmi povestea, după ce stingea lampa, amintiri din viața ei, dar și povești inventate de ea, povești de război sau despre Regele Mihai 1, ori ne rugam împreună, în timp ce ceasul metalic de pe noptieră ticăia apăsat, furându-ne încetul cu încetul din viață. O iubeam ca și cum ar fi fost bunica mea. Pe crucea de pe mormântul ei scrie „Aici odihnește mama mea". Pregătea cei mai gustoși cartofi prăjiți din lume, dormeam la ea destul de des, iar spre finalul vieții ei o împingeam prin comună într-un cărucior așa cum mă plimba ea în primii mei ani de viață. La ea am rămas și atunci când mama a plecat la Arad prima dată pentru investigații medicale serioase.

Anii copilăriei mele au fost parcă mai lungi decât restul celor trăiți până acum. Serile acelor zile nu se grăbeau deloc să acopere lumea cu plapuma lor de stele.

Când spun copilărie spun și cascada de la Săvârșin, prima cascadă, și cea mai mare, de pe valea Troașului, care curge și astăzi așa cum a curs demult și cum va curge și mult după ce noi nu vom mai fi, peste veșnicele pietre rotunjite, târându-se parcă să se piardă în Mureș, ca și cum demult înaintea noastră și până mult după noi nimic altceva n-ar conta. Mulți copii ne petreceam timpul la scăldat în bazinul din aval de cascadă în zilele însorite de vară, una dintre preocupările noastre zilnice, pentru că natura ne oferea această bucurie ca și cum ar fi fost un dar special creat pentru noi. Apa se aduna într-un fel de bazin cu ajutorul digului de pietre atent clădite și frunzele de brusturi care acopereau cu ușurință găurile rămase, lucru refăcut cu nerăbdare de către noi în fiecare început de sezon estival. Trambulina din lemn ne azvârlea, după o ușoară săritură, drept în mijlocul bazinului, în miezul distracției noastre. La venirea serii, când aerul rece al pădurii cobora peste noi tot mai mult și începea să ne strângă pielea udă, obosit de atâta joacă prin apă, împingând bicicleta prea mare pentru mine, cu prosopul pe umăr, mă pierdeam printre ceilalți, ieșind împreună spre drum pe cărarea paralelă cu apa văii, trecând peste pârâiașul care duce către lacul din parc, desculți pe pietre sau pe asfaltul ce ne amintea încă de căldura zilei. Cu chiloții uzi pe noi, sleiți de puteri și înfometați după ore de zbenguială, plecam spre casele noastre povestind și făcând planuri pentru alte întâlniri. Acasă mă aștepta mama cu mâncarea după care îmi plângea stomacul de câte ori veneam agale pe acel drum de seară. Înfulecam cu pofta unui animal de pradă, apoi somnul se încolăcea în jurul meu și mă ducea în lumea viselor până când ciripitul păsărilor, ca un norișor de vară cu miros de flori și iarbă proaspătă, se strecura prin plasa geamului deschis mereu vara către curte, trezindu-mă și ademenindu-mă afară, acolo unde se află viața adevărată.

Iernile aveau farmecul lor, fascinându-ne cu sloiurile de gheață ce atârnau pe cascade, cu geamurile înghețate și obrajii roșii în vântul prin care ne făceam loc cu săniile la vale de pe dealul viei. Nu-mi aduc aminte de ierni ale copilăriei în care să-mi fi lipsit săniușul și colindătorii. Îmi amintesc cum totul era acoperit de zăpada în care îmi afundam picioarele până la genunchi: casele, drumurile, gardurile și tot ceea ce se afla în jur, iar eu trăgeam la deal sania lungă și grea, alunecând uneori din cauza cizmelor de cauciuc și ferindu-mă de cei care coborau în viteză pe pârtie. Nici nu știam câtă fericire purtam în noi, atenți fiind la ceea ce făceam acolo, zi de zi. Pe urmă seara, țiganul bătrân care ședea pe un butuc și trăgea cu poftă dintr-o pipă, privea aspru cu ochii lui negri din tabloul de lângă sobă cum mama îmi usca părul ud cu aparatul rusesc care bârâia acoperind sunetul televizorului, iar mie mi se închideau ochii de somn privind documentarele Telenciclopedia. Toate acestea iar și iar, până ce soarele moale de primăvară risipea orice urmă de zăpadă, chemând mugurii copacilor și insectele să iasă la lumină și la viață.

Aveam mulți prieteni tot timpul pregătiți pentru aventură și atât de plăcute îmi erau zilele în copilărie la Săvârșin, încât parcă întreaga lucrare a universului se petrecea numai pentru joacă și voia bună care radia și se împletea cu tot ce se afla în jurul nostru. Când nu mergeam la scăldat, mă găseai pe văi la pescuit, de unde veneam înapoi cu pantofii îmbibați de apă, sau băteam potecile înguste și apoi pământul negru acoperit de frunze al dealurilor din jur, în răcoarea pădurilor ce păreau adormite dacă le priveai de departe.

În acele vremuri simplitatea strălucea. Nu mi-au lipsit aventurile prin pădurile care se întindeau până dincolo de limita dintre locul în care nu e greu să te întorci acasă și locul din care te poți pierde mult prea ușor pe cărările căprioarelor, iepurilor sălbatici sau a porcilor mistreți. Scăldatul în văi și lacuri, și tot felul de activități care implicau mișcarea, toate alături de o grămadă de prieteni care nu ne mai dam duși acasă de pe unde ne jucam, mi-au întins oasele și m-au ținut fără nici un pic de greutate în lumea activă și vie a unui copil sănătos. Nu țin minte ceva neplăcut din acea vreme în afară de căzături, julituri și sperieturi, pentru că experiențele au fost în mare parte amuzante, plăcute sau utile pentru viitorul meu. Asta până în ziua în care mama a plecat la Arad pentru că nu se simțea bine. Atunci am căpătat obiceiul de a mă îngrijora și în scurt timp am înțeles că nimic din ce a fost nu mai putea fi la fel.

Când spun copilărie, spun și mamă. Nu pot le despart pe una de cealaltă, pentru că atunci când am rămas fără mamă, am rămas și fără copilărie. Dar atât timp când le-am avut pe amândouă, le-am avut din plin.

Despre mama aș putea să îți spun multe. De exemplu, că avea pistrui sau că pregătea cea mai grozavă varză murată din lume, tocată, în butoi de lemn. Dar acum, când stau să mă gândesc ce să-ți spun despre ea, îmi vin în minte imaginile dureroase, pentru că acestea m-au marcat cel mai mult. Odată ne aflam la Timișioara la rude, iar ea venise înapoi de la unul dintre multele controale medicale care au urmat. Când s-a schimbat de haine și i-am văzut genunchii, am întrebat-o ce a pățit, pentru că i-am văzut juliturile care încă scăpau dâre subțiri de sânge. Probabil că nici nu și-a dat seama de asta. După câteva ezitări, îmi spuse adevărul. „Am căzut la trecerea de pietoni. Am amețit", zise ea plecând ochii și apoi capul către pământ, ca un copil care a fost prins făcând o prostie.

Acela a fost unul dintre cele mai îngrozitoare exerciții de imaginație din viața mea. Mi-o imaginam pe mama căzută pe stradă, în genunchi, printre trecători sau, și mai rău, singură. De câte ori trecem pe lângă oameni care stau să cadă sau abia s-au ridicat dintr-o cădere, oameni pe lângă care trec mereu o mulțime de alții cărora nu le pasă? Nici nu se uită, nu întorc privirea, doar trec. Oare așa au trecut unii pe lângă mama? Oare a ajutat-o cineva? N-am avut curajul să o întreb cum s-a ridicat, dacă a ajutat-o cineva sau dacă s-a sprijinit de trotuar. Ar fi fost prea mult să mai aflu și asta. Simțeam în tot corpul meu fraged acel sentiment de neputință care nu-mi mai dădea pace și parcă devea tot mai puternic, ca o apă care-și iese învolburată din matcă. Mă întrebam de ce nu m-a luat cu ea? Cum de n-am fost eu acolo să o sprijin, să o țin de mână, să nu o las să cadă! Apoi, am plecat împreună la piață. Aveam vreo 12 ani. Nu i-am dat drumul și o țineam strâns, întrebând-o adesea dacă amețește, ca să fiu pregătit. Abia o lăsam să scoată bani din portofel și o prindeam din nou de mână. Mama nu a mai căzut, cel puțin nu știu dacă ea a mai căzut de atunci. Iar eu, în loc să mă fi jucat și să mă fi bucurat de ultimii ani de copilărie, iată, trăiam preocupat de grija pentru mama, chiar dacă, practic, nu aveam ocazia sau n-aș fi putut face mai nimic pentru siguranța ei. Ea poate că știa asta, dar nu am vorbit niciodată despre grijile mele cu ea, dar nici cu altcineva, nici înainte și nici după acei doi ani de coșmar.

În multe nopți după acea zi, în întuneric, când durerea săpa găuri adânci în inima mea, mă rugam așa cum nu m-am mai rugat niciodată până atunci. Parcă în toată camera vibra forța acelor palme mici ținute strâns, apăsându-se una în cealaltă ca și cum aș fi ținut un perete care stătea să cadă: „Doamne, nu-mi lua mama! Lasă-mi-o! Nu cred că îți e atât de greu să o lași aici!", apoi rămâneam minute în șir cu ochii larg deschiși în beznă, știind că nu era îngăduit să pierd din vedere o apariție îngerească. După ce mă asiguram că îngerul nu era pregătit să apară, mă răsuceam cu capul în pernă și o strângeam în pumni chinuindu-mă să nu plâng, în timp ce neputința își înfășura rădăcinile în jurul plămânilor mei încât abia puteam să respir. Așteptam răspunsul despre care nu știam că avea să vină într-un final printr-un sunet de telefon, și nu adus de vreun înger bun în noapte, așa cum mi-aș fi dorit și pe care îl așteptam vreme lungă în întuneric după fiecare rugăciune.

Nu a trecut mult timp după aceea, iar mama se afla într-un salon de spital, după operație. De câteva ori am rămas și eu cu ea peste noapte, pentru că în rest stătea citind sau moțăind lângă patul ei una dintre mătușile tale. În acel timp petrecut acolo, am coborât de multe ori scările până la subsolul spitalului, apoi, înainte de a pune piciorul pe ultima treaptă, aruncam o privire spre ușa care credeam că ducea spre morgă. Acolo mă gândeam la tot felul. De exemplu, mă gândeam că oamenii ajung la morgă pentru că oamenii mor, simplu, și nu mă întrebam de ce au murit, ci dacă au trăit frumos! Nu aveam mult timp, trebuia să mă gândesc repede și să mă întorc într-un salt, urcând în fugă tot câte trei trepte, atunci când se auzea cel mai mic sunet sau eu respiram repede, pentru că spiritele morților mă puteau auzi, iar atunci când mă auzeau se îmbulzeau către scări printre acele uși metalice întredeschise spre coridorul sinistru, cu mâinile lor lipsite de sânge și viață, dar pline de forță, întinse ca să mă prindă și să mă tragă în lumea lor. În lumea cuțitelor murdare de carne rece și decolorată care îmi imaginam eu că stătea împrăștiată pe mese ca la o tăiere de porc, imagine care îmi punea sângele în mișcare. Puneam oarecum spiritele la încercare, într-un joc de care pe care. Nu umbla nimeni pe scări la ora aceea. Pe la etajul doi, unde consideram eu că nu mă mai puteau ajunge, acolo fiind granița dintre cele două lumi la acea oră, încetineam și coboram din nou tiptil ca să o iau de la capăt. Obosit de jocul stupid și masochist, mă întorceam în salon și mă așezam cuminte lângă mama, pe care o priveam fără să îmi fi mutat ochii nici măcar către doamna îngrozitor de grasă care dormea alături. Respirația sacadată a mamei, care nu avea un tempo obișnuit, mă ținea cu sufletul strâns. Mi se părea că se putea opri în orice clipă. Expirația nu revenea ritmic, ca și cum ar fi existat un blocaj, ca și cum fiecare tragere de aer în pieptul ei ar fi fost ultima. Îmi țineam și eu respirația până când auzeam expirația ei. Atunci îmi goleam plămânii de acel aer bolnav de spital, dar această stare de relaxare se termina repede, chiar la următoarea inspirație a mamei, acest exercițiu obsedant transformând jocul meu cu spiritele morților și fuga pe scări într-o activitate mult mai prietenoasă. După ce mă asiguram că mama era acolo, că era vie, coboram din nou către morgă, mai mult ca să treacă noaptea odată, ca să vină zorii, lumina care alungă oboseala, spiritele și fricile. În zori mama se trezea și respira normal, iar eu plecam liniștit la școală unde puneam capul pe bancă și dormeam fără să mă fi deranjat nici măcar gălăgia din pauze. Profesorii și colegii mă lăsau în pace, iar eu realizam asta, chiar dacă nu le spuneam ce se petrecea noaptea. Oricum asta nu s-a întâmplat decât de câteva ori, iar ei știau mai bine decât mine ce trăiam eu însumi.

Într-o zi de octombrie, am plecat la Săvârșin cu

mătuşa ta cea mai tânără, pentru că toată lumea ştia ce avea să urmeze la Ghilad, acolo unde stăteam în acea vreme, la unchiul şi mătuşa mea care aveau grijă de mine şi care au stabilit că eu nu ar trebui să fiu prezent. Am mers la mama în cameră să-mi iau rămas bun. Atunci ne-am privit în ochi pentru ultima oară, iar mama mi-a dăruit aripile ei, aripi pe care într-o zi ţi le voi lăsa la rândul meu ţie. Apoi am plecat, cu noaptea-n cap, schimbând trei trenuri către casa copilăriei mele, unde urma să simt că acel fir de dragoste şi de lumină care mă lega de lumea întreagă, dar şi de cea trecută, s-a rupt. În zgomotul acela de tren aflat în mişcare, mă îndreptam spre necunoscut, într-un univers infinit, pentru că, deşi aveam lângă mine familia mamei, familia noastră, legătura aceea unică şi ruperea puiului de mama lui, nu au asemănare pe lume.

Orele treceau atât de greu încât timpul părea că se târa să ajungă la sfârşitul zilei, atunci când închideam ochii să dormim, ca să se odihnească şi el. Farfuria aceea roşie din sufragerie, pe care mama aşeza frumos cornuleţele cu nucă de Crăciun, acum stătea prăfuită, asemenea unui obiect inutil. Cămara plină şi colorată de borcane altădată, acum avea aspectul unei încăperi întunecate, goală şi rece, ca frigiderul scos din priză a cărei uşă stătea deschisă. Curtea nu mă mai chema către joacă, iar inelele de gimnastică de pe o creangă a nucului atârnau ruginite, prinzând culoarea frunzelor care tremurau în cădere la fiecare adiere de vânt.

Ştiam. Copilăria mea, deşi părea a fi fără sfârşit, avea să se termine mult prea devreme, într-o zi de toamnă, odată cu ţârâitul unui telefon vechi cu fir. L-am auzit sunând de nenumărate ori de-a lungul anilor, dar fără ca vreodată să mă fi deranjat. Acum însă, suna pentru ultima oară, iar zdrăngănitu-i lung umplea liniștea apăsătoare din întreaga casă. Niciunul dintre noi, cei doi copii, unul așezat pe canapea și celălalt pe fotoliul vechi de lângă sobă, nu ne încumetam să ridicăm receptorul. Ne priveam în ochi, știind amândoi cine aștepta la celălalt capăt al firului și ce avea de spus. Nu eram pregătiți. Nimeni nu e pregătit pentru asta. Ultimul sunet al telefonului, ca o ultimă bătaie de aripi, se lovise pentru o vreme de toate obiectele din jur, iar și iar, ca valurile printre stânci, ca ecoul unei văi adânci, până ce s-a stins cu totul. Camera în care ne aflam, cuibul copilăriei mele, părea goală și străină, deși toate lucrurile erau la locul lor, rămase neatinse, unele dintre ele mângâiate de primele raze ale soarelui abia răsărit. În timp ce vântul rece îi scutura de ultimele frunze, copacii din drum părea că își întindeau crengile ca să apuce crucea din turnul bisericii ce se oglindea în fereastră. Nu făcusem focul. Era frig, eram copii și era dimineață. Murise mama. Era 28 octombrie 1999.

A urmat ziua în care oamenii stăteau în tăcere, adunați în curte, privindu-mă. Preotul, geaca mea neagră de piele, nucul ce își scutura ultimele frunzele... Mi-aș fi dorit atunci să strâng din pumni ridicând mâinile și să urlu atât de tare încât să-și acopere toți urechile cu palmele, dar cu siguranță că i-aș fi îngrozit, ca un tremur de pământ. Am rămas tăcut, scăpând doar câțiva stropi de lacrimi dintr-o mare ce sta să-și rupă malurile și am rezistat, iertându-l pe bătrânul Rege. Dar ușa din Castel e tot acolo, povestea rămâne mereu. Dacă închid ochii și mă gândesc la acele clipe, încă simt mirosul florilor de pe coroane amestecat cu cel al trandafirilor cățărați pe colțul casei în zilele de vară, un sentiment amestecat, contradictoriu. Întreaga lume pe care o trăisem și care mă învelise ani la rândul, o lume care părea nesfârșită și solidă, se prăbușise ca un castel din nisip strivit sub talpa unui monstru. Viața nu e ceva lin, ci azi e o mare cu valuri, mâine un lac limpede și fără capăt. E normal să apară probleme care ne cresc și ne dezvoltă. Așa e viața, iar apa nu se oprește în pietre, ci experiențele vin ca o lecție, unde iertarea este rezolvarea. Dacă te afectează prea mult, nu treci. Dacă ierți, ai învățat și ai învins.

Regretul cel mai adânc n-a fost acela că eu m-am mințit singur sau că m-am ascuns în frică în acea lungă perioadă în care mama era bolnavă, nici că ea a murit, pentru că moartea e un lucru firesc, ci problema de nerezolvat în mintea mea era aceea că nu ne-am vorbit cu adevărat în cei 14 ani pe care i-am avut împreună, 14 ani în care ne-am fi putut spune câte-n lună și-n stele sau 14 ani în care mama mi-ar fi putut lăsa o scrisoare. Ne-am luat rămas bun privindu-ne lung în tăcere atunci când ne-am văzut pentru ultima oară. Astfel, așa cum am știut de la început că ea va muri, oricâte minciuni mi s-au spus sau mi-am spus eu singur, așa am știut și voi ști mereu adevărul, așa cum știu cât de mult m-a iubit. Ce a rămas nespus nu a mai putut fi schimbat, de asta nu pot să repet greșeala. Atunci aveam o scuză, desigur, eram copil.

Acum, dacă eu aș păți ceva, știu că tu ai fi bine, nu am niciun dubiu.

Când a murit bunica ta, mi-a spus unul dintre ai noștri că și-ar fi trăit viața, fiindcă a fost în vacanțe, de exemplu la St Petersburg și Moscova. Eu nu sunt un mare călător, în primul rând pentru că nu mă urc în avion (dacă te muți vreodată în Noua Zeelandă, mă poți considera mort, dacă nu se inventează între timp teleportarea). Totuși, aș vrea să pășesc pe, sau chiar să străbat, Il Camino del Santiago. Mă încântă povestea și am auzit despre oameni care au venit înapoi fascinați. Il Camino del Santiago, un drum ce străbate sute de kilometri ajungând la mare, pe care oamenii merg ca să se întoarcă mai înțelepți. E ceva de văzut acolo, cu siguranță. Dar nu cred că asta înseamnă să-ți trăiești viața, decât dacă pasiunea ta și fericirea înseamnă călătoriile.

Dacă vei vrea peste vreme să calci pe urmele mele, traversează noaptea în plimbare Podul de Lanțuri din Budapesta, urcă până în vârful turnului catedralei din Ulm, cântă la un concert în mijlocul stadionului Olimpico Roma, plimbă-te pe plaja de la Durdle Door și apoi dă o fugă în Cotswolds, dansează în cercul din mijlocul catedralei St Paul's din Londra, bea o bere neagră în Bruges și mănâncă brânză lângă un pahar de vin în Lille, și voi fi cu tine, din nou, în toate aceste locuri. Îți voi vibra în piept când vei privi departe de pe Trasfăgărășan, mai sus de Bâlea și îți voi pulsa prin vene când vei privi apusul pe Piatra Corbului la Roșia Montană. Ah, ce ciudat să mă gândesc că toți cei cu care am fost prin aceste locuri într-o zi nu vor mai fi, așa cum nu voi mai fi nici eu, dar... veți fi voi, puii noștri, și vom fi și noi prin voi din nou acolo sau în locuri și mai grozave.

Dacă totul merge bine, asta ca o paranteză, când va veni vremea, voi pleca într-o altă lume înaintea ta. Corpul să mi-l incinerați, să arunci un pic din cenușa lui în pădure, un pic pe un râu, dar nu-ți pierde vremea prea mult cu asta. Apoi beți o bere bună și de acolo încolo trăiți-vă viețile. Nu vă legați de un loc trist prin vreun cimitir, nu are rost!

Până la zdrăngănitul acelui afurisit de telefon nu voiam să accept că toate acelea mi se întâmplau mie. Fiindcă avem nevoie de o legătura cu lumea aceasta, să știm că e încă cineva, o confirmare a faptului că existăm cu adevărat, așa cum e mereu nevoie de doi ca să confirme o nouă viață. La plante, la animale și la oameni, e nevoie mereu de doi. Tot așa, aveam eu nevoie de încă cineva al meu ca să exist, nu doar ca să mă nasc. O legătură în imensul acesta de găuri negre, explozii solare, mediul necunoscut și inexplicabil, în toată această nebuloasă, mai e cineva cu tine, al tău.

Legătura dintre mine și mama mea, dragostea, este legătura dintre mine și tine, copilul meu, este de fapt o singură legătură nesfârșită. Oricât timp aș fi petrecut împreună cu mama, privindu-ne ochi în ochi, o sută de ani sau o secundă, dragostea dintre noi rămâne, iar legătura e la fel de puternică, pentru că este adevărată și curată. Greu poate fi explicată, așa cum e prima bătaie de inimă, dar ne leagă de trecut și de viitor pentru totdeauna. Sufletele noastre împletite pe un fir de dragoste nesfârșită.

Plimbându-mă prin Castel, iată-mă ajuns pe cel mai rece coridor, așezându-mă la capătul lui direct în fața unei uși despre care știam, dar pe care n-am îndrăznit nici măcar să o caut. Mai mult, îndepărtând-mă de ea mereu, încercând să o las în urmă, aproape că nici n-aș vrea să-ți povestesc despre asta. O ușă plină de pânze de păianjen țesute parcă pentru a nu mai fi deschisă niciodată. Mereu mi-am ocupat mintea cu altceva, evitând să pășesc măcar prin apropierea acestui loc pe care îl port peste tot, și îl mai poartă un singur om, cât o mai trăi – bunicul tău. Tatăl meu, bunicul tău, nu a locuit cu noi, iar asta mereu a fost o discuție tabu în familie. Poate tăcerea de atunci să fie unul dintre motivele pentru care sunt eu atât de deschis și de vorbăreț. Din punctul meu de vedere, a fost o greșeală nu lipsa lui, cât lipsa unei discuții deschise, care să fi lămurit lucrurile atunci, în vremea copilăriei. Am fost rupt total de el și a fost nevoie să adun frânturi, imagini, cuvinte, firimituri, ca să le pun cap la cap și să înțeleg ceva. Locuiește în Arad și are peste șaptezeci de ani acum când scriu. Am vorbit cu el în urmă cu vreo doi ani, pentru prima oară, la telefon. Are trei copii în afară de mine, pe doi dintre ei i-am cunoscut între timp, dar cu el nu m-am văzut niciodată. Așa că despre tatăl meu nu am ce să-ți spun și nu pot judeca faptele unui om despre care nu știu mai nimic. Chiar dacă aș ști, tot n-aș putea să mă pun în pielea lui. Poate că și mama a greșit, poate că nimeni n-a greșit, important e că eu n-am fost împiedicat de această priviință să-mi continui cățărarea pe muntele vieții, ci poate chiar am fost împins de greutăți să urc cu mai multă forță și determinare, să fac mai mult, să mă descurc, să caut rost în toate. Sunt drept în picioare, mândru și stăpân pe forțele mele. Absența tatălui cred că a contribuit mai mult la formarea mea ca om decât ar fi contribuit prezența lui, dar nu cred că asta se potrivește la oricine.

L-am sunat și, discutând parcă cu un străin, îmi simțeam capul greu în fața acestei uși încăpățânate și impunătoare, care leagă lumi și timpuri trecute, și deopotrivă prezente mereu. Am deschis ușa, cu destul curaj, dar ce să vezi... un alt zid pe care trebuia să-l sparg. După zid un alt coridor întunecat și rece, și alte uși, și alți oameni și alte roluri. O ușă către frații mei din partea tatălui, o alta către relația mamei cu tata și altele care duc către tot felul de roluri. O ușă către rolul meu de copil al tatălui, o alta către rolul meu de frate al unor oameni de care nu știam, iar nici ei nu știau despre mine, roluri cu care nu mă pot identifica ușor. Lumea e o schemă, iar aceste roluri stau ascunse, dar există. Pe unele mi le asum, acelea spun că sunt eu, dar nu pe toate...

Ușile acestea însă arată diferit de toate celelalte. Ușa care duce către o relație imaginară dintre mine copil și tatăl meu are un geam prin care pot zări un fel de desen animat vesel. Acest loc, coridor, nu poate fi luminat dacă șterg geamurile doar pe partea mea, iar partea cealaltă nu o pot atinge. Umbrele vor rămâne acolo, mă vor urmări mereu. Aceste realități trebuie să se spele și să existe sau să moară, dar din păcate mor doar odată cu oamenii, toți cei implicați.

O altă ușă, neclară și grea, duce către lupta mamei contra tatălui, unde aș putea să intru și să încerc să fac pace, dar renunț, pentru că nu aparțin părinților, chiar dacă ei m-au adus pe lume, iar acea luptă, am înțeles într-un final, nu e lupta mea.

Dar ușa pe care pot intra este aceea în care îmi

întâlnesc tatăl și îi spun că-l iert. Viața nu poate continua în confuzie și ceață, ci prin iubire.

Am făcut atâtea în timpul anilor trecuți ca să dovedesc ceva, dar nu știam cui. Acum, privind în urmă, cred că multe le-am făcut și ca să dovedesc, inconștient, tatălui meu că sunt demn de a fi fiul lui, pentru că el nu a venit. Lui încercam să-i dovedesc că sunt bun, mai bun ca oricare altul.

Credeam că dacă m-am descurcat fără tată, împreună am fi mutat munții. Dar am înțeles că nu e așa. Am mutat eu munții pentru că nu l-am avut și am învățat că-i pot muta dacă îmi propun asta.

Să muți munții poate fi o mândrie, o ambiție, o plăcere sau toate acestea la un loc. Dar nu e nevoie să-i muți. Fericirea nu e acolo, ci în inima ta, indiferent dacă-i muți sau dacă-i lași acolo unde sunt și doar te bucuri privindu-i.

Eu l-am iertat, ne-am luat rămas bun și am închis telefonul. Știam că probabil nu-l voi mai auzi niciodată, dar asta nu înseamnă că sunt împăcat cu ce s-a întâmplat sau cu ce a lipsit, sau că lucrurile s-au lămurit. Iertarea e primul pas către un viitor neafectat de trecut. Chiar dacă nu cunosc punctul lui de vedere, nici propria lui copilărie, nici presiunile pe care le purta el de copil, și chiar dacă nu încerc să-i justific comportamentul, am renunțat demult la așteptările de a avea vreodată o relație puternică cu tatăl meu sau chiar orice fel de relație cu el. Iar asta a însemnat că trebuia să mă descurc în viață și asta am făcut. Am devenit bărbat și fără el.

Poate că moartea mamei nu ar fi fost la fel de gravă ca lipsa tatălui în acest context sau se afla pe același palier de moment, dar eu nu pot sau refuz să

conştientizez asta.
Nu au greşit că nu s-au înţeles, ci au greşit că nu au comunicat cu mine problemele lor.
Am priceput nevoia mamei de a mă proteja. Sarcina ei a fost, pe lângă multe altele, să îmi ofere siguranţă şi spaţiu adecvat pentru a-mi începe construcţia unei vieţi de adult. Ştiu că nu exită un mesaj ideal pentru un copil despre relaţia dintre părinţi, dar, până la urmă, ăştia suntem, aşa cum suntem. Te voi proteja şi te voi susţine mereu! Asta aveam eu nevoie, asta vreau să îţi ofer ţie în primul rând, dacă mă vei lăsa. Iar dacă nu va fi nevoie, voi înţelege, pentru că tu ai un altfel de început.

Există în astfel de situaţii familiale şurubelniţe externe care vin să-ţi strângă sau destrângă şuruburi şi să te seteze pe o anumită cale, dar, de la o vreme, de când gândeşti cu mintea ta pe de-a întregul, devine contribuţie personală la firul poveştii, şi poate mai adaugi şi de la tine. Credeam că tata avea o vină, apoi m-am gândit, cu anii, că şi mama a greşit sau poate că doar ea a greşit. Căutam în mintea mea explicaţii. Acum, vorbind cu tata la telefon, m-am convins că mama n-a greşit. Nu l-am văzut niciodată, dar am vorbit, chiar dacă îndeajuns de scurt. A fost suficient.

În inima mea sunt mai multe găuri, dar cea adâncă vine din cauza lipsei lui. Nu cred că nevoia de el în familie era atât de importantă, ci prezenţa lui, chiar sporadică, în viaţa mea. Confirmarea originilor mele, confirmarea că vin de undeva. În lipsa lui, a trebuit să-mi construiesc o identitate, să o construiesc ca întreg, primind-o iniţial doar pe jumătate. Şi-am căutat zeci de ani acea discuție telefonică de câteva minute, care putea veni în copilărie să fi rezolat atunci afurisitul de puzzle.

La liceu, după ore, veneau uneori tații colegilor mei să-i ia acasă. Unii dintre ei păreau a fi prieteni, mai mult decât orice altceva, strângându-și mâinile așa cum fac bărbații, plecând de acolo povestind aprins despre ceva ce pesemne că îi interesa și le plăcea să discute. Atunci am simțit lipsa tatălui, plecând singur pe drum sau împreună cu alți colegi, dar asta nu se întâmpla pentru prima oară. Am simțit-o și mai devreme, de exemplu atunci când am învățat singur să îmi păstrez echilibrul pe bicicletă sau în prima zi de școală, atunci când învățătoarea ne ura bun venit, iar părinții șușoteau neastâmpărați în spatele clasei pline de copii emoționați. Ar fi fost frumos să-mi ducă mireasa la altar atunci când m-am însurat la 22 de ani și să fi băut o bere când am divorțat, la 25, dar astea sunt mai mult mofturi. Am devenit bărbat și, dacă ar fi fost acolo atunci când aveam nevoie de el, probabil că nu mai eram eu cel de acum. Și, totuși, uite că le-am făcut pe toate și fără el. Nu îndrumarea lui aș fi vrut-o, ci confirmarea faptului că un bărbat stătea în spatele meu, siguranța de a-l ști acolo, undeva, cât de departe. Fără el, am mers pe sârmă, trecând o prăpastie adâncă, fără legătură de protecție.

Familia unchiului meu, fratele mamei, mi-a fost cuib în toată perioada grea, dar și mult după, așa că singur nu am fost niciodată. N-aș putea spune că nu m-am sprijinit pe nimic, pentru că familia noastră așa a fost educată de bunici și străbunici, să ne ajutăm unii pe ceilalți atunci când e nevoie. Mătușile tale sunt un fel de combinație ciudată între ursitoare, mămici și profesoare, iar unchii tăi sunt, luați separat, personaje pentru câte o scrisoare în parte, așa că nu am loc aici ca să scriu despre ei, dar îi vei cunoaște în curând. Verișori, din fericire, ai mai mulți și o să-ți placă de ei. Te așteaptă cu toții!

Dar mai e de povestit până atunci.

Am părăsit deci Săvârșinul pentru a termina ultimele două clase gimnaziale la Ghilad, locuind cu familia unchiului, unde am avut parte de încurajare, de un mediu calm și de tot ce aveam nevoie ca să învăț și să cresc în bune condiții, atunci când mama nu se mai simțea bine, dar și după. La liceu am ajuns la Timișioara, care pentru mine părea mai mult un drum de sat decât un oraș, pentru că de la căminul liceului Henri Coandă până la Poșta Mare mi-am târât preț de patru ani picioarele fără niciun chef de școală, înainte și înapoi ca un hopa-mitică. Însă viața aceea de cămin a fost într-adevăr plină de învățăminte. În internat se afla o lume întreagă. Cred că am învățat acolo mai mult decât la clasa Liceului de Poștă și Telecomunicații, bine cotat la acea vreme. Mi-a plăcut electronica mai mult decât sportul, așa că lipseam de la canotaj în cele două după-amieze în care lipeam tranzistori și leduri pe plăcuțe electronice la Palatul Copiilor în fiecare săptămână. Apoi, m-am mutat la Hunedoara, oraș care mi-a devenit casă pentru vreo opt ani de zile și mi-a dăruit o mulțime de prieteni și de oportunități, chiar dacă pare greu de crezut, până când am plecat, în 2011, la muncă în Londra. Am locuit acolo cinci ani de zile. În primele luni pe insulă dormeam pe o saltea, pe jos, într-o cameră goală de pe Lyndhurst Grove, într-o casă care se afla în construcție, și tot așa am dormit în primele nopți când m-am mutat la țară, în Apuseni, în toamna anului 2016. În Londra tot ce am făcut a ținut de electrică, de la legat prize și panouri electrice, până când, după ce am terminat o școală în domeniu în 3 ani acolo, am ajuns să fac proiecte, să testez și să semnez lucrări electrice. Câștigam chiar puțin pentru calificările mele, puțin peste 3000 de Lire Sterline pe lună (am început cu 1400 în primul an). Alții din domeniu, cu aceleași calificări și cu aceleași responsabilități (construiești, verifici lucrări sau semnezi acte care spun că nu există risc de incendiu sau moarte din cauze electrice), câștigă acum peste 6000 de Lire Sterline pe lună și dacă aș fi rămas acolo, acum aș fi putut câștiga chiar mai mult, mai ales dacă aș fi făcut lucrări private sau aș fi lucrat sâmbăta. La asta am renunțat când am revenit acasă, lăsând în urmă Londra pentru un cătun de munte.

În Anglia nu era totul roz, pentru că viața e așa peste tot, cu bune și cu rele, și nu mă refer aici la cerul cenușiu și nici la verile umede ale Londrei. Aveam parte de stres, de goană, de poluare, de trafic și altele, adică o viață grizonantă. Totuși, consider că viața mea la Londra se dovedise a fi fost una la care mulți visează. Am avut nenumărate party-uri de firmă și mă simțeam ca într-o familie la muncă și, totuși, mă culcam seara și mă trezeam dimineața cu gândul la țară. Fiecare examen luat și fiecare treaptă urcată prin clădirile în care lucram, mă apropiau de ziua întoarcerii acasă. Mă uitam adesea pe geam la cer și mă întrebam cum o fi vremea în România. Mergeam la întâlniri cu alți români, la evenimentele ICR, la teatru românesc, dar nu era suficient. Auzeam oameni vorbind în limba română prin magazine și mă prefăceam că îmi caut ceva pe un raft lângă ei, doar ca să-i aud vorbind, nici nu conta ce spuneau. Erau de-ai mei. Cu unii intram în vorbă, pe alții doar mă bucuram că-i auzeam. Uneori, printr-o intersecție aglomerată sau în autobuz, căutam poze pe net cu slănină și ceapă, când puteam să îmi fi cumpărat orice aș fi vrut de prin supermarketuri.

Chiar dacă mergeam des la barul din Elefant & Castle unde se cântă jazz și fumam afară pe micuța terasă cu pianistul veșnic prezent chiar dacă nu făcea parte din program, chiar dacă mergeam la Westminster Cathedral în multe duminici și puteam sta în liniște să-mi adun gândurile în colțul de sud-est, în încăperea strâmtă care conține câteva băncuțe și statuia lui Iisus, chiar dacă am învățat să mă strecor printre cârdurile de mașini și să ajung mai repede la destinație, chiar dacă mergeam la întâlniri cu alți români și mă simțeam bine între ei, în Londra nu aveam unde să mă încarc cu energie. Totuși, în anii grei trăiți acolo, dacă e să mă uit în urmă, am făcut multe, iar în anii ceva mai ușori de dinainte, am tras destul mâța de coadă și n-am înaintat prea mult în niciun domeniu, fiind preocupat cu micile distracții pe care mi le servea viața, desigur. În Londra am învățat să muncesc și să îmi canalizez energia în lucruri utile și practice, am învățat că pot să fac aproape orice îmi propun. De exemplu, dacă n-am condus vreodată o mașină automată, acum știu că e o chestiune de câteva minute să învăț să fac asta, adică nu mă mai sperie necunoscutul. Pur și simplu o fac. Mi-au rămas utile multe abilități dobândite acolo, care mă ajută și astăzi.

Seara stăteam pe geam și fumam, privind The Shard.

Cu vreo două etaje mai jos de geamul meu se afla terasa unui bar. Cei adunați acolo râdeau, povesteau, cântau. Iar mie, mi se rupea inima de dor de prietenii mei de acasă, să stăm și noi așa la o bere undeva. Sigur, n-or fi toți așa de melancolici, dar eu așa simțeam.

De când sunt la munte, mi-au trecut pragul sute de oameni. Am cântat, am muncit, am gătit, am povestit împreună și ne-am plimbat prin păduri. Seara, în jurul focului, afară, de câte ori se întâmplă – nu știu dacă unii s-au prins –, merg undeva mai departe de ei pentru câteva minute, cât să văd doar lumina din mijlocul lor. Îmi aprind o țigară și stau așa să îi aud cântând, râzând sau povestind, și îmi aduc aminte de acele seri din Londra când priveam acei oameni sub geamul meu sau pe stradă și mă simțeam singur.

Cei care muncesc afară nu sunt mai puțin români decât cei care au rămas în țară! Nu cred că e înalt procentul celor care au plecat de dragul altei țări, ci asta le-a fost soluția de moment. Îi aștept înapoi, atunci când vor fi pregătiți să vină, să construim și aici, pe baza a ceea ce am învățat de-a lungul anilor oriunde am fi trăit și să ne bucurăm împreună.

Am cunoscut oameni care puneau faianță și câștigau aproape cât mine în Londra. Am cunoscut oameni care câștigau și mai mult, dar și-au cumpărat mașini și s-au plimbat prin lume, adică fiecare face cu banii lui ce vrea. Alții s-au stabilit acolo. Iar unii, au revenit cu banii în țară. Alții vând un apartament prin București sau te miri unde ca să se mute la țară. Alții stau în chirie pe undeva. Alții fac naveta la oraș sau în străinătate... Oamenii sunt atât de diverși încât nu există o rețetă general valabilă. Am cunoscut și străini mutați în România (cum sunt și români mutați în străinătate), oameni care respectă acest loc și îl îndrăgesc poate mai mult decât unii români și înțeleg ce avem noi aici.

În toamna lui 2016 am venit în concediu, urmând să plec înapoi la Londra pentru încă vreo 3 ani. Atât îmi calculasem eu că era destul, ca să mai strâng niște bani.

Dar ce să vezi, am cunoscut întâmplător în Apuseni niște oameni mutați la țară în chirie și brusc parcă m-am trezit, parcă m-aș fi născut pentru a doua oară. Am descoperit o lume nouă, minunată, și am decis instant să nu mai plec la Londra, ci să-mi caut o casă la țară, la munte. Dacă ei puteau trăi la țară și au găsit soluții, puteam și eu. Mi-am dat seama că ceea ce am găsit aici, la țară, e mult mai aproape de sufletul meu, de viața pe care mi-o doream.

Astfel, ceața ce învăluia Londra pentru multe luni pe an, pentru mine se sparse definitiv, reobișnuindu-mi cu bucurie ochii să vadă cerul albastru și soarele atât de firesc pe cerul României.

Acum locuim într-un cătun de munte, avem o viață mult mai relaxată, dar plină de prieteni și de socializare, toate acestea după ce am plecat în concediu și mi-am dat demisia prin telefon fără să fi premeditat asta.

Mutarea mea la țară s-a petrecut într-o clipă, cât am închis ochii, cât am tras în piept aer tare de munte și i-am redeschis, în mijlocul unui grup de noi prieteni care până înainte cu câteva ore îmi erau necunoscuți, apoi cerul roșu, tăurile din vale și bisericile, iar atunci, chiar atunci, inima mea mi-a șoptit: – *Rămâi acasă! Îți va fi bine!* Așa am făcut și așa a fost.

De atunci experimentez o permanentă vacanță, deși lucrez mult în fiecare zi, chiar dacă nimic aici nu pare a fi grabnic.

Livada casei noastre e locul în care am înțeles că am tot ce îmi doresc, privind de multe ori casele de peste vale care arată ca niște pietre înfipte într-o plapumă verde de iarbă. Trăim într-un loc care este o lume întreagă, iar aici nu suntem acasă doar acasă, ci suntem acasă în tot satul. Vecinii noștri sunt importanți pentru noi, ceea ce la oraș nu se întâmplă. Aici colaborăm, ne ajutăm reciproc, facem parte unii din viețile celorlalți. Ceea ce facem noi aici, dincolo de gospodărie și propriile nevoi, este întoarcerea la prietenie și viețuire. Astfel, liber și calm, fără ceas, în mijlocul naturii și oamenilor care m-au înțeles, am descoperit ceea ce căutam de atâta timp.

De multe ori mă trezesc înainte de zorii zilei, pentru că mă culc atunci când e firesc să mă culc.
Îmi beau cafeaua pe terasă atunci când vremea mă lasă, pentru că iarna e destul de rece pe aici. Ceața densă a zilelor răcoroase își întinde degetele peste tot, umezind scaunele așezate sub acoperișul terasei, iar asta îmi amintește de Londra. Atunci îmi beau cafeaua în picioare, privind câteva becuri aprinse undeva mai jos în sat sau vreo mașină care coboară lin, prin noapte, pe cealaltă parte a văii. Când nu lucrez la birou sau când nu sunt prieteni aici, iau drujba sau o foarfecă de grădină și curăț sau aranjez câte un locșor din livada, care e mai largă decât ar fi nevoie sau decât poate un om întreține. Astfel că niciodată nu e chiar totul ordonat. Aproape în fiecare zi o ajut pe mama ta la bucătărie, iar după ce luăm prânzul dormim un pic. Apoi ne continuăm

treburile fiecare sau împreună, până ce seara ne cheamă către culcare.

Am uneori și zile off-line, ceea ce numesc eu concediu, iar după ce acesta se sfârșește și mă hotărăsc să deschid computerul și telefonul, mesajele, emailurile, apelurile pierdute, notificările încep să curgă ca laptele prin pâlnie.

Am pornit grupurile „Mutat la țară", având convingerea că am o datorie morală să arăt lumii ceea ce există dincoace de perdeaua de fum ce învelește orașele mari: o lume verde, vie și plină de oameni minunați. Acum, când scriu, pe grupul principal suntem 130 de mii de membri. Le duc înainte cu ajutorul și dăruirea unor oameni care s-au oferit să ajute și am devenit o echipă. Înainte de a cunoaște eu însumi pe alții care s-au mutat la țară, credeam că cel mai aproape de natură se poate veni în așa numitele concedii, eventual la o casă de vacanță sau la bunici. Fals! După ce am cunoscut alți oameni trăind astfel, fără cearcăne, fără stres, și pe copiii lor jucându-se desculți prin iarba moale sau alergând fascinați prin ploaie, mi-am dat seama că posibilitatea viețuirii la țară este chiar soluția pentru descongestionarea orașelor, pentru a trăi în armonie cu natura și cu noi înșine, pentru a construi și oferi mai mult lumii, trezindu-ne bucuroși, fără ceas, fără calendar, în fiecare dimineață. Acum, noi cei mutați la țară, arătăm asta celor care nu s-au gândit vreodată că ar putea trăi astfel, renunțând la cutiuțele de beton și la nebunia din trafic, pentru o viață liniștită și tihnită. Se poate!

Deja de ani de zile mă trezesc în fiecare dimineață fără ceas. De atunci și până acum, singurul regret ar putea fi acela că n-am făcut asta mai devreme, pentru că n-am avut habar de această opțiune. Munca pentru casă, grădină și birou mi-a adus multe bucurii. Uneori privesc mândru, zile în șir, la câte un lucru făcut aici cu mult drag. Îmi face plăcere să muncesc, să construiesc, să ajut și să rezolv probleme. În drumul pe care am ales să merg am cunoscut deja o grămadă de oameni care au adoptat acest stil de viață la țară, dintre care artiști, meșteri, IT-ști, navetiști de oraș sau străinătate, fermieri ș.a.m.d., iar între ei nu există doi care să fi făcut la fel. Adică, fiecare a făcut asta într-un alt mod, din acest motiv nu există o rețetă pentru mutarea la țară. Însă, cert e că se poate și că mulți au pornit, iar alții, și mai mulți, vor porni pe acest drum. E o stare la care ajungi, un fel, poate mult spus, de înțelepciune. Oamenii care fac această schimbare cu siguranță nu mai sunt guvernați de temeri, ci de pace și iubire. Aici, la țară, nu numai că nu ne-am rupt de lume, dar pe lângă noi au venit o grămadă de noi prieteni, chiar noi vecini, și ne-am trezit cu conexiuni care ne-au deschis în față o nouă lume despre care nici n-aș fi gândit vreodată dacă n-aș fi cunoscut, întâmplător sau neîntâmplător, posibilitatea mutării la țară. Nu mai sunt singur și nu mai suntem singuri, ci suntem o mare familie. Apoi a venit și mama ta, iar acum te așteptăm pe tine, încă un glas de copil pe ulițele satului.

Există oameni care au trecut printr-o boală gravă, și-au schimbat purtările, apoi s-au vindecat. Există oameni care au suferit din pricina altor oameni, s-au despărțit, apoi au descoperit noi prieteni. Există oameni care n-au mai putut sau n-au mai vrut să facă față stresului, au renunțat, au făcut loc pentru altceva și apoi au descoperit o nouă lume în aceeași lume. Există oameni care credeau că viața înseamnă doar ceea ce cunoști, și aveau dreptate, dar au învățat lucruri noi și viața lor s-a schimbat. Există oameni care trăiau prin prisma unor lucruri, și-au simplificat viața, apoi au descoperit altele. Toți aceștia au murit și s-au născut din nou. Eu m-am născut pentru a doua oară atunci când m-am mutat la țară!

Lumea noastră e o căsuță din lemn, de fapt două într-o curte, o șură, un solar, câini, pisici, și construim în continuare diverse. Lumea noastră conține oameni frumoși și prietenoși. Lumea noastră e verde, ruginie, albă, apoi iar verde. Lumea noastră e aici unde mergem să căutăm ouă în cuibul găinilor. În lumea noastră venim dimineața în bucătărie cu roșii, castraveți și ardei prin buzunare sau ne scuturăm de zăpadă atunci când aducem lemne în casă. Lumea noastră ne oferă câte un apus uimitor în fiecare seară. Lumea noastră pare mică, dar e atât de mare. N-am renunțat la prea multe pentru ea, deși pare că asta am făcut. În schimb am câștigat mult mai mult decât am fi putut pierde trăind aici, la țară, în locul în care totul e despre suflet și despre a trăi frumos.

Viața la țară, și nu doar la țară, ar avea mult mai mult sens dacă oamenii ar deschide mai larg ușile, dacă tot mai mulți ar comunica și s-ar înconjura de prieteni, dacă ar deschide mai multe cărți, dacă ar ciupi corzi de chitară, dacă ne-am îmbrățișa cu mai multă încredere!

Ducem o viață fără ceas, pentru că umbrele corcodușului din fața terasei ne ajută suficient, plus că regula celor patru degete culcate puse între soare și apus se pare că funcționează și e destul. Patru degete culcate înseamnă o oră. Sigur, metoda asta nu ajută la fiert ouă moi, dar e suficientă pentru a ști când e ora mesei.

Viața la sat nu mai înseamnă lipsa de utilități, lipsa accesului, ruperea de lume. Un vecin îmi spunea zilele trecute că în tinerețe mânca în bucătărie, unde umblau mieii pe sub masă. Acum, are una dintre cele mai frumoase case din sat, asfalt, baie, telefon mobil, adică alte condiții, care oferă șansa unui trai mai bogat, mai sănătos și mai fericit la țară decât la oraș.

Regrete? Ar fi câteva. Mă gândesc uneori, destul de rar, că undeva, chiar acum se petrece o expoziție de artă sau un minunat concert, ori o întâlnire de nișă, iar eu nu sunt acolo.

Uneori merg sus în livadă, la locul de unde nu se vede nici casa și nici alte case din jur, ci doar cele de pe celălalt versant al muntelui, în rest doar verde, verdele acela plin, total, de pădure. Acolo, fie că închid ochii, fie că privesc în gol, ori chiar verdele acela care integrează toate punctele care sunt gospodării, fie albastrul cerului sau norii care aproape că vin până la mine ca să mă învelească cu puful lor, știu că aș putea fi în acele momente chiar pe insula Sf Iosif, fie în Rio de Janerio, fie bând o bere pe una dintre băncuțele barului de pe Mary Boast Walk, colț cu Camberwell Green, în Londra. Dar aici e bine, acasă. Apoi cobor în curte, unde cei veniți pentru o zi sau două gătesc, povestesc sau se

relaxează la soare. Aici nu suntem rupți de lume și mulți mă întreabă despre asta. Trăim la munte, într-un cătun din Apuseni, dar asta nu înseamnă că suntem străini de teatru, de înot sau de cursuri, și nu înseamnă că nu vine lumea la noi dacă nu mergem noi în lume prea des.
Vei putea merge peste o vreme la Timișoara, Cluj, Frankfurt sau Londra, unde vei vrea și s-o putea, ca să vezi cât mai multe. Apoi, să vii înapoi dacă vei vrea și când vei vrea, la căsuța și izvorul tău, știind între ce și ce vei alege, pentru că dacă nu știi prea multe, orice ai face sau oriunde ai fi, îți va părea că e greu. Să înveți și să știi ce ai, ce poți, ce n-ai, ce contează, ce nu contează, și ce e frumos prin lume!

Povestea mutării la țară este una dintre multe altele pe care le-aș putea spune, dar cred că e cea mai interesantă de până acum. Experiența de neorural trăită în ultimii ani am scris-o pe larg în cartea „Mutat la țară – Viața fără ceas" și ar fi prea mult să o lungesc aici.

Dar să-ți spun ceva și despre oraș, iar dacă vei alege să trăiești într-unul, voi înțelege.
În bloc la oraș, în multe cazuri distanța dintre patul unor tineri părinți și patul vecinului lor este mai mică decât distanța dintre patul lor și patul copilului lor. Fuziunea energetică dintre oameni se face fără alegere în blocurile de tip „stup", fiecare ca un fel de fagure și lung atât cât mergi între două stații de autobuz. Oamenii se adaptează, dar cu ce consecințe și cu ce scop?! Mulți se vor muta la țară din disperarea de a trăi o viață normală. Orașele care se respectă, cu cât sunt mai dense cu atât impun reguli mai stricte. Viața la țară e mai

lejeră, aşa că cine caută asta o poate găsi aici. La oraş nu vezi ca ramurile copacilor să umbrească izvoare sau oameni care să umble desculţi prin iarba pufoasă în zilele scăldate în lumina şi căldura soarelui. Pentru asta oamenii fug din oraş.

Dar, desigur, oraşul are părţile lui bune. În oraşe găseşti o grămadă de magazine, unde te poţi bucura de o grămadă de produse şi servicii, de la mâncăruri exotice până la lecţii de dans sau vioară, pe alese. În oraşe poţi întâlni oameni care se adună pentru a studia, pentru a cerceta, pentru a colabora în domenii în care n-ai putea activa la sat. În oraşe găseşti universităţi şi centre de cultură. Dar, cu toate astea, nu trebuie să locuieşti acolo, ci să ai o conexiune rapidă de transport, zic eu.

Cam asta a fost cea de-a doua scrisoare, ca să îţi explic pe scurt cine suntem, unde locuim şi de ce, adică să lămurească unele lucruri pe care trebuie să le cunoşti. În scrisoarea următoare, pe care o voi termina după naşterea ta, îţi voi spune despre ce poţi face, despre ce aş vrea eu să faci, şi desigur, despre naşterea ta. Nu e greu să-mi imaginez cum citeşti aceste rânduri chiar acum, la distanţă de-o clipă!

Până atunci, îţi pregătim cuibuşorul şi aşteptăm nerăbdători venirea ta pe lume.

Cu nerăbdare şi dragoste,
Tata

LIVADĂ 2

— Ce spui, vrei să vorbești și cu tatăl tău?, mă întrebă Serena zâmbind, în timp ce o adiere de vânt îi flutură bretonul pe care și-l aranjă la loc.
— Tu vrei să vorbești cu el?
— Eu vreau să vorbesc cu tine. Legătura mea cu părinții tăi ești tu, iar de vorbit cu el pot mult mai ușor decât tine.
— Bine! Chiar acum?
— Închide ochii, spuse Serena, ca și cum rolul acesta de mediator ar fi fost meseria ei. Acum inspiră adânc și expiră.

După un moment de pauză, Serena continuă:

— Pe băncuța din fața noastră se află tatăl tău, bunicul meu. Curaj tată! Acum deschide ochii și spune-i orice dorești.

Am deschis ochii cu greu, ca și cum ar fi trebuit să

privesc soarele printr-o oglindă, dar soarele se ascunse după un nor în timp ce aveam ochii închişi.

Simţeam şi teamă, dar şi nevoie, deopotrivă, să vorbesc cu tata faţă în faţă.

Iarba dansa parcă mai vioi şi foşnetele pădurii din spate se auzeau tot mai intens, dar totuşi, puteam să aud frecarea palmelor mele de banca pe care stăteam.
În faţa mea stătea tatăl meu, pentru prima oară. În scurt timp parcă toate au dispărut: livada, iarba, Serena, satul, păsările, chiar şi pământul de sub noi. Am rămas privindu-ne, plutind pe loc, ca două bucăţi de lemn rupte şi pierdute pentru multă vreme, ce s-au reîntâlnit, ciocnindu-se întâmplător, pe-o mare oarecare. Nu zâmbeam niciunul dintre noi, doar ne priveam ca şi cum încercam să descoperim dacă suntem inamici sau prieteni, dacă suntem colegi, vecini sau doi străini. Era totuşi clar în privirile noastre că aveam ceva serios de împărţit.

— Nu ştiu dacă să-ţi spun „tată", i-am zis, prinzând curaj odată cu fiecare vorbă rostită. Nici nu ştiu dacă să-ţi spun pe nume. Nu ştiu cum exact să-ţi spun, dar ar fi ceva ce vreau să ştii!

Tata îşi împreunase mâinile, aflate în prelungirea unei cămăşi cu mâneci scurte, aşezânduşi-le în poală, şezând apoi nemişcat, iar părul, atât cât îi mai rămase, cât şi mustaţa, grizonate de vreme, aminteau de cei peste 70 de ani pe care îi ducea în spatele adunat. Expresia lui nu trăda nici un sentiment, dar îşi concentra privirea spre mine, prin ochelari cu lentile mari şi groase, asortate cu burta rotundă care îi întindea cămașa nu prea bine călcată.

— În timpul în care am muncit și în care am atins micile sau marile mele victorii, m-am gândit des la tine, chiar fără să fi vrut asta, tu însemnând pentru mine, tatăl imaginar, un fel de judecător. Inconștient, am vrut să te mulțumesc, să-ți arăt ce ai ratat, ce copil ai pierdut, ce ai fi putut avea, ...ca să mă accepți ca fiu al tău. Nu știu dacă meriți asta sau dacă nu, dar a fost nevoia mea. N-am vrut să știu părerea altora despre tine, atât timp cât nu am știut despre tine de la tine. Dar poate că e mai bine să nu aflu mai mult. Mi-aș fi dorit să știu că ești mândru de mine, dar tatăl din imaginația mea este mândru. Realitatea poate că nu o voi afla niciodată, și de asta nu te-am căutat până acum ca să te văd în persoană, pentru că îmi era teamă că vei strica această imagine din mintea mea. Imaginea de forță, colțul de siguranță și încredere, paznicul perfect. Sunt sigur că, undeva în mintea mea, vreau să păstrez imaginea asta. Mi-am făcut eu, plămădind gânduri și nevoi, un tată al meu, dar, desigur, are multe cărămizi din tine. De asta nu am venit eu să te caut, iar dacă tu nu ai făcut-o, e mai bine să o lăsăm așa. Mi-a făcut bine lupta asta pentru a-ți dovedi că sunt bun. Acum, aș vrea să mă laud, deși nu o voi face, dar aș vrea să îți spun reușitele mele. Desigur, simt nevoia să ți le spun. În filmul meu ai fost acolo și le-ai văzut. Le știi pe toate.

Am făcut o pauză, dar suficient de scurtă încât să nu mă poată întrerupe. Apoi am mers mai departe:

— Nu mi-am luat modelul tău din poveștile pe care le-am auzit despre tine, ci din imaginea pe care mi-am format-o din nevoie și care mi te arăta ca tată. Știu că nimeni nu este perfect și renunț la convigerea că tu ar trebui să fii perfect!

Tata mă privea, dar rămase tăcut de la început și nu părea mișcat de vorbele mele, deși, nu se poate să fii om și să n-ai sentimente față de copilul tău. În sufletul lui cu siguranță se ascundea ceva, dar ar fi fost prea mult să repar eu ce ar fi trebuit să repare el. Șanse a ratat destule, astfel că am continuat cu ce aveam eu de spus, iar el asculta în continuare:

— Am primit de la voi, părinții mei, talent și destule calități cu ajutorul cărora mi-am construit o viață în care să le pot folosi. Mi le-am format de unul singur, dar educat de mama și de familia fratelui mamei. Așa că n-am avut nevoie să urmez calea ta. Nici nu te iubesc, nici nu te urăsc. Ca s-o spun pe scurt, cred că nu simt nimic pentru tine...

Atunci îmi reveni imaginea mamei în minte, care stătuse în locul tatălui, acolo, pe aceeași bancă în fața mea, cu câteva minute în urmă. Dacă s-ar fi întâlnit, oare ce și-ar fi spus? Cred că nu ar fi fost potrivit să-i fi pus eu față în față. Iar îmi era dor de mama, care era atât de caldă și iubitoare, față de zidul de gheață pe care îl ridica tata din priviri între noi. Ca să folosesc șansa de a vorbi, am continuat:

— Ce-a fost între tine și mama n-aș vrea să știu în

detaliu, chiar dacă poate răspunsul ar fi de ajutor în descoaserea drumului către tine. Dacă aș fi știut, ancora care ești în imaginația mea probabil că s-ar fi desprins. Cum ar fi fost altfel, nu vom ști niciodată. Cum va fi, nu știm încă. Devin și eu tată, viața a curs, iată, înainte. Am încercat mereu să nu repet greșelile voastre, dar nu am judecat și nu voi judeca niciodată ce ați făcut voi. Nu vă voi condamna. Înțeleg că ceea ce ai făcut tu nu avea legătură cu mine, nici nu a fost contra mea, dar poate că a fost contra mamei, iar asta a fost problema ei de rezolvat cu tine, nu a mea. Te iert pentru tot ce poate că ai făcut rău în legătură cu mine și te iert pentru tot ce n-ai făcut și ai fi putut să faci pentru mine. În mintea și în inima mea nu porți nicio vină, iar eu m-am descurcat fără să fi simțit niciodată furie sau ură pentru tine. Mereu ți-am trimis gânduri de pace. În rest, nu vreau să-mi spui nimic, pentru că te port în inimă, iar vibrația ta e bună așa cum e în mintea mea. Prefer să o păstrez așa!

— Am făcut pace cu tine și am găsi soluții pentru toate, i-am spus. Tot ce a fost a trecut, s-a terminat. Te-am iertat, te-am eliberat, iar astfel am devenit liber și eu.

Tata nu găsi altceva de spus decât:

— Îmi pare rău! Apoi caută cu ochii parcă un răspuns mai înțelept pe care nu-l avea pregătit. Fața lui, lipsită de expresie, lăsa impresia unui corp gol, părea că n-ar fi fost acolo.

M-am întors atunci în spatele pleoapelor închise, știind în acea clipă că banca pe care șezuse tata era acum goală, dar trebuia să-i spun și ultimul meu gând legat pentru el, cu voce ridicată, răspicat, ca și cum l-aș fi certat:

— Mai bine taci și rămâi tatăl care ai fi putut fi, decât

să vorbeşti şi te pierd încă o dată, apoi să trebuiască să te construiesc din nou de la-nceput!

Apoi, am rămas, pur şi simplu, tăcut.

SCRISOAREA 3

După câteva luni...

Dragostea mea mică, între timp te-ai născut!

Aceasta va fi o scrisoare mai lungă, dar cred că te va ajuta cel mai mult, odată ce le-am lămurit pe celelalte. Sunt sigur că va veni vremea în care le vei citi și reciti cu multă atenție.

Îți voi scrie despre educație, succes, bani, muncă, sănătate și relații, despre ceea ce îmi doresc de la tine și pentru tine, dar toate vin din nevoia mea de a ți le insufla, și nu din obligația ta de a le realiza. Tu nu ești datoare cu nimic nimănui, nici măcar părinților tăi, pentru că nu pentru asta te-ai născut. Eu îți sunt părinte pentru că mi-am dorit să-ți fiu părinte, iar datoria mea este să mă asigur că vei putea alege cu mintea ta și cu inima ta, iar acesta este începutul. Ai viața înainte și poți face ce vrei tu cu ea. Nu este nimeni îndreptățit să aleagă pentru tine!

Provocarea ta e să-ți urmezi drumul, iar noi te vom sprijini atât cât vom putea și atât cât ne vei lăsa.

Meseria de părinte, peste meseria de om, este, puțin spus, interesantă. Pentru asta nu faci școli, nu te poți pregăti desăvârșit, iar fiecare copil e, ca fiecare familie, altfel. Pe cât de greu pare că este să fii părinte, pe atât este de minunat.

După ce o vreme te-ai aflat în pântecul mamei tale, un loc în care ai avut parte de protecție, căldură și iubire, te-ai născut în cel mai bun secol de până acum, în unul dintre cele mai potrivite locuri de pe Pământ, în cel mai bun moment și într-un loc minunat din întreg universul cunoscut nouă. Aici și acum, toate nevoile tale de bază sunt acoperite, iar eu habar nu am ce înseamnă să fiu tată, pentru că n-am avut tată, dar urmează să mă înveți. E magic, ca un răsărit de soare!

Nu ar fi mare lucru să-ți spun că te-ai născut într-un lighean acasă sau într-o cadă din baia unor prieteni, la ce părinți într-o ureche ai. Dar n-a fost așa:

22 iunie, 2019, sâmbăta, în miezul unei nopți calde și înstelate, povesteam pe terasă cu prietenii noștri din Alba Iulia, în frunte cu Victor, omul căruia i s-a revelat fapul că „viața adevărată începe după 50 de ani". Eu încă n-am ajuns acolo, așa că nu pot decât să-l cred. După ce am plecat la culcare și m-am pus în pat, n-au trecut 3 minute, iar mama ta mi-a spus că naște, asta în condradicție cu pastila pentru weekend prin care doctorul a încercat să programeze evenimentul pentru

ziua de luni.

Ameţeala care nu reuşi încă să mă apuce pe de-a întregul şi să mă culce, s-a spulberat atunci când mama ta mi-a spus că a venit momentul pe care l-am rostogolit în multe discuţii în săptămânile ce au trecut. Am rămas calm, deşi ne aflam la 45 de minute de cel mai apropiat spital, acasă, în munţi. După câteva zeci de secunde de gândire am realizat că nu era timp de poveşti şi am ieşit în grabă să le dau vestea celor care încă povesteau pe terasă.

— Sunt băut, am gândit eu cu voce tare în prag, ştiind că aveam de condus maşina. Trebuie să plecăm la spital. E groasă treaba!, am continuat stând rezemat de tocul uşii bucătăriei, către cei aflaţi, încă, afară la poveşti.

— Hai, adu un lighean cu apă călduţă şi nişte cârpe, c-o rezolvăm noi aici dacă nu e timp, zise Victor sigur pe el, ca şi cum ar fi fost moaşă de-o viaţă, ameţit şi el după petrecerea care tocmai ce ne epuizase.

Crezând că te vei naşte luni la Lugoj, şezusem liniştit până când, iată, îmi căutam cheile de la maşină, portofelul şi-o geacă. Aveam de făcut drumul vieţii până la cel mai apropiat spital, la Brad. Mama ta păstra în dulap o gentuţă pregătită pentru spital, unde nu ţin minte tot ce a adunat, doar că erau îngrămădiţi o grămadă de chiloţi în ea. Am aruncat gentuţa în maşină şi am plecat fără prea multă vâlvă. Roţile şuierau pe asfalt în timp ce rulau, trecând prin Brad şi Deva, către Hunedoara, către moaşă şi se făcuse trei jumate noaptea când am ajuns. Deja era 23 iunie, duminică.

Pe drum discuţiile s-au risipit ca nişte firimituri, pentru că au început dureri pe care eu nu le voi pricepe niciodată. Totuşi, mai avem timp, zise mama ta.

Moașa ne aștepta la un fel de preconsult, după o convorbire telefonică avută de pe drum. A fost primul moment când am așteptat afară cuprins de panică, timp în care am fumat și m-am învârtit de colo-colo.

După vreo 20 minute de așteptare, după „consultație", am aflat că mai aveam timp destul și că era bine să așteptăm schimbul doctorilor, adică să ajungem după ora 7:00 la spital. Zis și făcut.

— Să nu cumva să faci baie, doar duș!, zise moașa în urma noastră, după ce ne-am luat la revedere și ne întorceam spre mașina parcată aproape de scara blocului.

I-am sunat pe Maria și Laurențiu, doi dintre prietenii noștri din Hunedoara, pentru că trebuia să mergem undeva pentru aproape trei ore, de preferință la parter. Fiind în lista lui cu steluță în agenda telefonului pus pe silențios, Laurențiu a răspuns la ora 4 și, desigur, ne-a așteptat cu cafeaua pe masă. Mama ta s-a dus direct în vană să facă un duș, pentru că apa caldă o făcea să se simtă mai bine. Ușor, ușor, din cauza durerilor, a pus dopul la vană și a lăsat apa să crească, spunându-și că o va face doar pentru puțin timp. Din când în când mergeam să văd de ea, dar mă scotea afară. Voia să fie doar ea cu tine. Ați stat acolo aproape 3 ore. Înainte de ora 7, când am mers să-i spun că venise timpul să plecăm, mi-a răspuns că nu se mai poate ridica din vană și că naște acolo. Am sunat moașa, care numai că nu m-a strâns de gât prin telefon.

— Păi nu v-am spus să nu stea în apă?, îmi repeta ea cu un ton grav. Hai, nu vă prostiți acuma! Ne vedem la spital!

După ce ne-am înțeles că nu te vei naște în vană și că

nu chemăm salvarea, am ajuns la mașină cu pași mici, numărați.

Apoi drumul către spital a fost atât de scurt încât nici nu mi-l mai amintesc. Am parcat Passat-ul obosit chiar în urgență, după care, cu multă grijă, am condus-o pe mama ta până la camera de gardă, fugind apoi după buletinul ei pe care l-am predat unei asistente.

Mutând mașina într-o parcare, amețit de oboseală și de emoții, a început ticăitul celor mai lungi 5 ore din viața mea.

Pe scările de pe etajul maternității am stat cel mai mult, între câteva țigări fumate în curtea spitalului, vreo două ture fără țintă printre mașinile doctorilor și apoi întors pe unele dintre coridoarele întortocheate din spital. Am anunțat familia prin mesaje, dar nu aveam energie să vorbesc cu nimeni. Înapoi la scările din dreptul maternității, mai aproape de voi, am așteptat numărând ca un nebun, ba din stânga, ba din dreapta, literele și golurile din literele unor texte de pe afișele medicale de pe pereți, adunate împreună cu cercurile de pe ușile celor trei lifturi din fața mea. Asta după ce m-am săturat de admirat zugrăveala nouă, gresia și termopanele, decor în care trăncăneau parcă mult mai prietenos decât în alte vremuri, capacele de pe oalele ce parcă nu mai încăpeau pe căruciorul cu trei niveluri pe care l-a plimbat o infirmieră de nu știu câte ori prin fața mea, până ce l-a înghițit liftul și dus a fost. Din când în când au trecut oameni pe lângă mine, probabil medici și asistente care ieșeau din schimbul de noapte. Mă ocoleau cu toții, tot așa cum pe trotuarul unui bulevard e ocolit câte un cerșetor, unii zărindu-l în ultima clipă, aproape împiedicându-se de picioarele lui. Aşa ştiu eu că se stă la spital, pe scări, când cineva drag e acolo. Aşa am stat şi când mi s-a spus că pentru mama nu se mai putea face nimic, dar atunci nu eram singur.

Mă gândeam la forţa sălbatică a naturii căreia nu i te poţi opune şi la cum funcţionează ea, prin mine, prin tine. Mă întrebam dacă eşti sănătoasă şi dacă totul e în regulă. Mă întrebam cum arăţi, dacă vei avea o viaţă lungă, dacă ne vom descurca în rolul de părinţi, dacă nu e o responsabilitate prea mare sau dacă vei mai avea fraţi. Apoi iar mă întoarceam la literele de pe afişe ca să le număr fără sens.

23 iunie 2019 ora 12:00

Puţine litere am mai numărat de pe afişe după ce moaşa scoase doar capul pe uşa peretelui cu geamuri mate. Ochii îi săgetau în sus şi în jos în timp ce mă privea cu seriozitate, ca un general de armată care tocmai ordonase un atac militar. Mi-am ridicat privirea în semn de ascultare şi îmi spuse aproape şoptit, ştergându-şi fruntea, că te vei naşte prin cezariană. Înainte de-a închide uşa după ea, se uită îndelung la mine, ca şi cum i-ar fi scăpat ceva sau ar mai fi avut ceva de spus, apoi dispăru, lăsându-mă şi mai îngândurat decât fusesem cu câteva clipe înainte. Reclama colorată lipită pe geamul mat dintre noi, care dădea o notă veselă spaţiului din jurul meu, îmi devenise icoană, doar că mai mult priveam prin ea, undeva în gol şi mă rugam, până când te-am auzit dincolo de peretele de sticlă care ne despărţea. Atunci s-a oprit timpul. Ai plâns şi tu, am plâns și eu, apoi în liniștea ce s-a lăsat parcă peste tot spitalul, sunetele metalice de tăblărie și roți de cărucior dincolo de perete mi-au oprind respirația. Moașa a venit și mi-a spus că ai fost dusă la camera cu bebeluși și m-a direcționat către salonul 5 de la nou născuți, unde urma să fie adusă mama ta. Am luat-o într-acolo, înconjurând parcă spitalul, coborând și urcând scări în fugă. Țin minte coridorul lung și verde, ca o pistă de bowling, și în rest numai trepte.

În salon mama ta încă nu-și revenise după operație, adică încă nu-și simțea picioarele și era vizibil epuizată, anestezicul ținându-i încă durerile departe, limitându-i simțurile. Tot ce am putut să o întreb mai repede a fost dacă e bine și dacă ești frumoasă. Bine nu se simțea, dar mi-a spus, ca și cum și-ar fi dat ultimele puteri pentru asta, că ești foarte frumoasă. Îmi venea să plâng, dar am scăpat doar câteva lacrimi. Îmi era dor de tine, deși nu te-am văzut niciodată. Te aflai la trei ziduri distanță, în sala cu nou născuți.

După câteva zeci de minute despre care nu mai țin minte nimic, se auzeau pași pe coridor, apoi asistenta a deschis ușa albă și veche, intrând cu un cocon în brațe, de parcă ar fi adus o lubeniță sau o sticlă de suc. Ne-am apropiat și te-am văzut, adică m-am văzut. Un eu mult mai mic. Eu, înfășurat în acel material alb, strâns, și mă priveam. Ne priveam unul pe altul și îmi simțeam inima plină. Eu mă priveam pe mine, tu pe tine. Mi-a fost teamă să te ating de firavă ce erai, 2,5 kilograme de om. Toată lumea spunea că semănăm.

Munca, rodul, visele, speranțele, durerile și

dragostea cine știe câtor generații de oameni despre care nu mai știm nimic, se aflau acolo, într-o păpușică învelită strâns cu o bucată de material alb. Un ghem care mă fixa cu privirea. Nu aveai nici certificat de naștere încă, nici nume legal, nici nimic pământesc al tău. Tot ce aveai era iubirea necondiționată a părinților tăi care ședeau lângă tine. Acea privire, ochi în ochi, cred că se întâmplă prea rar în viață între doi oameni. O împletitură inexplicabilă de senzații. Iubire pură, teamă și pace în același timp, împlinire... multe și toate la un loc dintr-odată.

Bine-ai venit pe lume, dragoste!

Purtam o cămașă albă, iar tu stăteai strâns învelită într-un material alb, mama ta acoperită cu un cearșaf alb, asistenta, și ea, aștepta îmbrăcată într-un halat alb. Era cald și atâta lumină se îngrămădea în încăpere încât părea că soarele însuși ar fi venit acolo sau razele lui intrau prin toți pereții ca să ne boteze într-un nou început. Erai scăldată în lumină și în dragostea părinților tăi.

Uitasem de importanța momentului pentru poză, pentru zilele în care vei privi cele dintâi clipe ale noastre împreună, astfel că fiind atent la tine, ținându-te în brațe cu grijă, nici n-am băgat în seamă telefonul care ne blițuia în mâinile asistentei.

De-a lungul vieții mele am avut parte de puține astfel de imagini care îmi vor rămâne în minte pentru totdeauna, în care mi-am simțim inima plină cu totul, dar niciuna nu se putea compara cu a-mi privi puiul pentru prima oară.

În acea noapte, prima ta noapte, pe o ploaie torențială care în sfârșit scăpa orașul de fierbințeala care abia se dădea alungată de prin betoane și asfalt, am stat până târziu de tot cu Laurențiu la bere pe o terasă din centrul Hunedoarei. După ce ospătarii au adunat scaunele și ne-au rugat să plecăm, am mers în garsoniera tocmai cumpărată de mama ta, ca să continuăm poveștile până spre dimineață, loc în care eu am rămas pentru următoarele cinci zile, timp în care făceam ture între salonul 5 și magazine. Teama și oroarea de spital, și bucuria, fericirea nespusă de a mi se naște copilul, toate aceste sentimente se ciocneau unele de altele în inima mea, care ba simțeam că se strânge, ba că explodează.

Cele cinci zile s-au scurs repede și în sfârșit te-am scos din arest. Când am deschis ușa spre curtea spitalului ținându-te într-un coșuleț colorat ca și cum am fi ieșit de la cumpărături, am simțit că evadam dintr-un penitenciar. Mama ta își revenise și fericirea o umpluse cu totul, dar acum, preocupată de tot felul de șervețele umede, scutece, clima din mașină și suzete, mă zorea și mă învârtea, așa cum făcea și ea, ca să se asigure că toate erau pregătite cum se cuvenea și că porneam la drum în siguranță. Eu căutam prima ta melodie, pe care ai ascultat-o pe primul tău drum: *Bine ai venit, iubire!* – *Mirabela Dauer*. Prima noastră oprire, pentru o gură de aer, mai mult ca să eliberăm stresul adunat cu ocazia primirii tale pe semnătură, a fost parcarea aflată la limita județelor Hunedoara și Caraș-Severin, unde te-am pus pe-o masă pe care cu siguranță mulți călători și-au întins ziare acoperite apoi cu șuncă, salam, ceapă și roșii, sau ce-or mai fi găsit prin portabagaje.

Erai în sfârșit numai a noastră și te priveam ca pe un extraterestru, analizându-ți fie mișcare. *Oare o fi bine? Oare trebuie schimbat scutecul? Oare e prea cald? Oare să-i punem căciulița? Oare să-i dăm jos căciulița?* Mergeam spre Ghilad, în Timiș, la mătușa mea, o femeie care n-a crescut un copil, ci patru, pentru că pur și simplu nu știam ce să facem cu tine, iar acolo găseam un loc în care ne puteam simți sprijiniți. Ne era teamă să te atingem de mică ce erai. Ai dormit destul de mult pe drum. Era o nouă zi foarte caldă de vară, mașina indica peste 34 de grade, iar noi nu știam dacă să deschidem geamul mașinii sau dacă să pornim aerul condiționat. Am oprit de multe ori și ne-a luat vreo 6 ore să ajungem, drumul care în mod normal ar fi durat doar 3 ore, timp în care, îmi aruncam ochii des la oglinda retrovizoare îndreptată spre tine și mama ta, ca să văd că sunteți bine. Eram speriați, evident, pe cât de fericiți. Pornisem la drum, pornisem în viață, împreună!

Firul acela care leagă inimile și generațiile credeam că s-a pierdut atunci când a murit mama. Dar l-am regăsit în acel salon de spital, într-o pânză albă. Mă priveai, te primeam, mă priveam în ochii tăi, o priveam pe mama. Erai legătura mea cu o lume întreagă, ceea ce îți suntem și noi, părinții tăi. Și cel mai important este faptul că înțelegeam, de-acum tot mai bine, că legătura cu lumea, cu mama, cu bunicii și străbunicii noștri nu s-a rupt niciodată. E tot acolo și ne va lega mereu. Ne bate în inimi!

Inimile noastre sunt legate printr-un fir de iubire de către o inteligență invizibilă, divină, atât de puternică, care curge prin noi, prin tot ceea ce există, o inteligență care mișcă stelele. Într-o zi vei înțelege și tu asta.

Îmi doresc să fii sănătoasă în toate privințele și să îți trăiești viața din plin, dând un sens acestui timp în care vei fi aici, pe Pământ. Pentru asta ar fi bine să ai câteva ancore adânc înfipte în realitate, în societate, în lumea în care trăiești. O ancoră poate fi familia. O alta poate fi relația de cuplu. Ancore pot fi sănătatea, prietenii, cariera sau proiecte dragi. Atunci când nu ai nicio ancoră care să te țină departe de depresie sau de gânduri negre, construiește pe bucăți revenirea la normal. Alege ancora cel mai simplu de agățat în lume, apoi împarte-o și pe ea pe bucățele. Rezolvă bucățelele în parte. Nu te apuca să-ți agăți toate ancorele deodată sau nu avea așteptări ca lucrurile să se rezolve din exterior și mai ales brusc. Dacă toate se vor rezolva de la sine, foarte bine, dar până atunci, sau dacă nu va fi așa, rezolvă tu ce poți. Pentru asta trebuie să te pregătești și îți voi vorbi despre câteva dintre ancorele care te pot ține în echilibru.

FAMILIA

Într-o zi la Londra, vecinii de casă (srilankezi) m-au invitat cu ei la templul budist pe care îl frecventau. Eu mă rog în orice biserică, așa că nu am o problemă cu a intra acolo, mai mult, să particip la ritualul lor, pentru că toate religiile sunt cărări către același vârf de munte. La intrare ne-a întâmpinat statuia lui Buddha. Ceremonia era în toi. Am fost invitați să luăm câte un loc, pe jos, desigur, în sala cea mare, după care un călugăr a venit și mi-a legat un capăt de ață de deget. Acea ață se derula prin toată încăperea, legând pe toți cei prezenți la acel ritual, iar eu fiind ultimul. La final ne-a fost legată o bucată din acea ață în jurul încheieturii ca semn de binecuvântare de la călugări, și apoi am mâncat un platou cu mai multe sortimente de mâncăruri, de la curry de cartofi și linte și orez cu semințe, ceva incredibil de bun. În timpul rugăciunii am simțit legătura aceea dintre oameni, conectarea, energia care ne unea pe toți acolo, simbolic legați de acel fir de ață. Tot astfel suntem legați de ai noștri. Suntem conectați, uniți, batem unii în inimile celorlalți.

Desigur, mama ta îți este lumea întreagă și ea nu are asemănare pe lume. Ea îți oferă căldura, siguranța și hrana de care ai nevoie. Bătăile inimii ei te culcă, bătăile inimii ei te trezesc. În dragostea îngerească dintre mamă și copil nimeni niciodată nu poate intra și nu poate oferi sau cere mai mult. Aceasta e cea mai puternică și mai curată iubire pământească. Despre mama ta nu ți-am scris pentru că o las pe ea să-ți spună ce are să-ți spună. Deja îți pregătește poze și îți scrie mesaje pe care ți le trimite pe emailul tău, a cărui parolă o vei primi mai târziu, atunci când vei fi ceva mai mare. Nu știu cum fac alte mame tinere din generația noastră astăzi, dar cu siguranță mama ta încearcă din răsputeri să te hrănească sănătos, să te învețe lucruri noi în fiecare zi și să te alinte atât cât poate ea de mult, iar eu cred că se descurcă extraordinar de bine. În primii ani de viață copilul este atașat mamei, așa cum cloșca își ține puii sub aripi pentru o vreme.

— Să-nă-ta-te, pace, dra-gos-te! Să-nă-ta-te, pace, dragos-te! Să-nă-ta-te, pace, dragos-te!, îți cântă mama ta, atunci când te plimbă prin curte sau când te adoarme. Nu e doar un cântec, ci o tehnică de programare, ea fiind convinsă că, și dacă nu pricepi cuvinte, preiei emoții, energii pozitive și iubirea ei pentru tine. Se pare că ceea ce are să te învețe, îți trasmite mai repede decât mine. Voi aveți o altă legătură, mult mai intensă și profundă acum, pe care nimeni n-o va putea desface, în afară de voi două – desigur, și vorbiți o limbă pe care numai voi o puteți pricepe.

Văzându-vă împreună, înțeleg tot mai mult relația pe care am avut-o eu cu mama mea. E adevărat că nu poți înțelege multe aspecte ale vieții până când nu ajungi să le trăiești.

Mi-am dorit demult copii, dar la relații sentimentale de cuplu nu m-am priceput. Mereu am dat-o în bară. Ideea e să găsești un om în care să ai cel puțin încredere, numai că la mine în minte a fost cam dificil. Căutam tot timpul o parteneră de drum, de asta m-am și căsătorit repede, după care a urmat un divorț. Înțelegi de ce.

Mama a fost singură. În mintea mea de copil nu a existat imaginea de cuplu, nici măcar unul eșuat. Dar iată, mama ta a reușit să mă facă tată.

RELAȚII

Oricât de pisălogi vom părea sau vom deveni, oricât de tare ne va strivi trecerea timpului, oricât de mari vor fi diferențele între generațiile noastre sau oricâte greșeli vom face, oricâți munți se vor înălța între noi sau oricâte ape va fi nevoie să traversăm ca să ne strângem în brațe, oricât de ușoară sau de grea ne-ar putea părea viața la un moment dat, nu va fi nimeni altcineva care să îți vrea binele și care să te iubească mai mult decât cei care suntem și cei care vor însemna cu timpul familia ta. Vom fi mereu împreună, măcar în gând atunci când nu va fi posibil fizic. Îți vom oferi mereu dragostea noastră, vom comunica sincer și responsabil, ne vom respecta unii pe ceilalți și vom avea mereu nevoie unii de iubirea celorlalți. Vei trece uneori prin clipe grele, vei simți durere, vei pierde oameni dragi, de aceea, atât timp cât suntem împreună, va trebui să comunicăm, să ne spunem adevărul, să ne bucurăm, să râdem, să plângem și să construim împreună.

La fel de important ca și trecutul care ne-a adus aici, este prezentul. Ai verișori, iar în familia noastră verișorii au rang de frate și așa va trebui să rămână! Chiar dacă acum nu mai suntem atât de apropiați ca distanță și bunica nu-i mai adună pe toți de sărbători acasă, valorile noastre au rămas aceleași, iar ajutorul și comunicarea între voi sunt esențiale. Patru dintre verișorii tăi sunt la Londra, iar în România îl ai pe Chris. Ei îți sunt cei mai apropiați ca vârstă și mereu le va păsa de bucuria, dar și de durerile tale, pentru că așa sunt și ei educați. Vor fi lângă tine așa cum vei fi și tu lângă ei, dar asta nu înseamnă că nu va trebui să vă descurcați singuri în general.

Pe ceilalți din familie îi vei cunoaște în curând, dacă nu i-ai cunoscut deja. De ei ne va lega pentru totdeauna mama mea, bunica ta, și sunt oameni care formează tribul nostru. Îți va plăcea de ei și te vei putea baza pe fiecare în parte.

În liceu, fiind înalt, am fost acceptat ușor la un club de canotaj din Timișoara. Acolo am învățat repede că barca mică, cea cu un singur loc, era cea mai instabilă. Cea cu două locuri avea mai multă stabilitate, iar cea cu 4 locuri nu se putea niciodată răsturna nici din greșeală. Chiar dacă ne mai stropeam unii pe alții lovind cu palele în apă, aceasta fiind rece și țipam din cauza asta, fiecare dintre noi vâslea asigurat de ceilalți. Puterea grupului ne dădea încredere și siguranță.

Mama a avut părinți și familia unită, și iată că ea a făcut un copil pe care l-a crescut singură. Nu cred că ține doar de exemplu, ci și de mediu, de timp, de șansă. Acum vremurile nu mai sunt acelea în care ești constrâns de societate să îți petreci viața cu o persoană cu care nu te înțelegi. Atunci, putem spune că erai condamnat să suporți o viață întreagă consecințele unei alegeri făcute într-un moment neinsprat. În secolul în care trăim nu mai trebuie să trăiești într-o relație toxică numai pentru că dă bine în ochii celorlalți sau pentru că nu ți-ai putea permite să pleci. Acum ai libertatea morală și financiară de a alege cum să trăiești.

Situația nu se prezintă la fel în cazul copiilor, însă asta nu scuză o relație toxică. Unii copii care au avut parte de armonie în familie au găsit și ei armonia în familiile lor atunci când și le-au format, dar cei care nu au avut parte de armonie, aproape sigur ceva nu a fost în regulă. Doar că eu vreau să îți arăt că e normal să nu fie perfect și că dacă nu am avut parte de o familie ca-n filmele romantice, totuși putem trăi normal, putem construi, putem avea o familie și îndrepta unele lucruri, iar dacă unele rămân neîndreptate, asta înseamnă că facem parte din natura asta pe care nu o putem înțelege pe deplin, și care nu pare dreaptă, dar așa merge ea înainte. Natura nu înseamnă doar peisaje frumoase și iarbă verde, ci și vânturi care rup copaci, și valuri care distrug, și erupții vulcanice sau incendii devastatoare.

Nu m-am priceput la dragoste, mereu mi-a fost teamă. Așa am văzut de mic, o persoană singură, pe mama. Dar n-am văzut niciodată acasă violență, n-am auzit vorbe dure, probabil că de asta nici eu nu lovesc cu pumnul în masă. Așadar, avem parte de multe plusuri, ca dragostea și pacea din cuibul nostru, și unele minusuri, ca lipsa tatălui meu care iată, a lăsat ceva urme.

Dar fac și eu parte din multele familii în care lucrurile nu se discută deschis, ci sunt luate ca atare. Mulți oameni se întâlnesc în timpul vieții, dar nu discută despre ceea ce doare. În multe locuri ești cosiderat normal atunci când nu ai personalitate și te lași condus de turmă. Mulți te consideră ciudat atunci când pornești discuții despre subiecte importante și reale. În multe locuri, atunci când povestești despre mașini, concedii sau reclame, ești considerat a fi normal. Probleme apar mereu, pentru că nu e totul roz. Există oameni care nu le discută și nu le rezolvă, nici nu le acceptă, apoi acestea explodează în familiile lor la un moment dat, iar situația rămâne neclară. Cuvintele rămân nespuse, sentimentele rămân confuze, care toate dăunează. Într-o relație normală lucrurile se discută și apele sunt mereu limpezi, oricât de adânci ar fi.

Sunt multe familii în care membri ei nu se ascultă unii pe ceilalți. Asta vreau să schimb, pentru că asta pot să schimb. Într-o relație sănătoasă lucrurile se discută, iar mesajele sunt clare.

Totuși, întotdeauna în relația noastră de tată-fiică vor exista niște limite, oricât de comunicativi am fi și oricât de bine ne vom înțelege. Vor exista discuții intime și gânduri sau alegeri în care eu nu voi avea ce să caut, decizii care îți vor aparține numai și numai ție, chiar dacă, vizibil sau în taină, eu voi fi sau nu voi fi de acord. Oricum ar fi, trebuie să știi că alegerile tale vor fi mereu importante pentru mine și voi încerca din toate puterile să ți le respect. De exemplu, poți alege ca tu să nu ai copii, să ai un copil sau să adopți șapte copii. Ai primit viața ca să o trăiești așa cum alegi și așa cum știi, nu cum cred eu, mama ta sau oricine altcineva că ar trebui să o trăiești, la fel cum nu e de datoria unui copil, într-o familie funcțională, să fie lângă părinți sau părinte și să-i/l ajute tot timpul.

Tu ești copilul, eu părintele, și nu invers. Datoria mea este să te ghidez, nu să te forțez. Eu trebuie să-ți asigur nevoile de bază, să-ți fiu alături la nevoie, dar nu să te leg de mine și nici să aleg pentru tine, desigur, vorbim despre vremea în care vei deveni matură.

Vei avea nevoie de libertate, iar asta va fi una dintre provocările mele. Va veni vremea ca tu să ai un iubit. Poate că nu va fi singurul bărbat din viața ta, ceea ce n-aș vrea să zic că e bine sau rău, mai ales pentru că s-ar putea să citească aceste rânduri, iar eu nu știu acum nimic despre el.

Azi, când scriu, probabil că n-o să-ți amintești asta, peste puțin timp vei fi un pui care va ridica mânuțele spre cer și va fugi spre mine să-l prind în brațe. Un pui care își va îndesa în curând mâinile sub brațele mele și mă va cuprinde lipindu-și capul de pieptul meu. În curând te voi așeza pe genunchi și te voi scutura ușor, apoi vom scoate sunete lungi cât ne vor ține plămânii, iar ele vor deveni un singur cântec de care să nu ne săturăm. Când îți voi cere să-mi dai un pupic, te vei intinde și îți vei îndesa toată fața în obrazul meu... Știu că vei pleca. Vei deveni domnișoară, apoi femeie.

Puține femei și puțini bărbați sunt Alfa! Tu fii curajoasă, puternică și fii elegantă! Fiecare om are câte o virtute, dar puțini au mai multe. Fii tu mai întâi așa cum îți dorești să îți fie partenerul. De oameni doar deștepți, doar frumoși, doar sexy, doar eleganți, doar bogați, este plin peste tot. Unii se bazează doar pe aspectul fizic, dar nu au ancore și nici valori prea multe. Mulți se identifică cu meseria lor, cu casa, cu mașina, cu telefonul mobil.

Important în relații:
Să știi că oricând poți spune NU. E ok să spui NU! E dreptul tău să spui NU.

Poți să te răzgândești, în orice domeniu, dar mai ales într-o relație, atunci când ai argumente să o faci.

Fii tu! Multora le este teamă să fie diferiți, să fie ei înșiși, de aceea se amestecă cât de mult pot în mulțime. Eu am ieșit din turmă, iar acum, uitându-mă înapoi, îmi dau seama că asta a făcut diferența între o viață plictisitoare și una extraordinară.

Alege oamenii care îți vor fi alături de-a lungul drumului prin viață, după sentimentele, energia, vibrația lor și dragostea cu care comunică.

Asta cu „lasă-l că o să vadă el" e una dintre puținele lucruri pe care le știu și nu pot să le explic. Știu de ce nu-i bine. Cumva, ca tinerii care se iubesc, dar se despart și rămân despărțiți așteptând fiecare să-l vadă pe celălalt „cu gâtul rupt" pe undeva. Uneori unul „și-l rupe", alteori nu, dar ce contează, atât timp cât iubirea n-a murit, dar nici viață nu mai are. Și timpul trecere, și ești legat. La ce bun să stai legat fără rost, de parcă viața ar fi veșnică?!

Nu plânge după nimeni prea mult. Tu urcă mai departe!

În inima ta zace o forță extrem de puternică, pe care ai face bine să o lași să te ghideze!

Unchiul tău de la Londra, un călător prin lume, mi-a spus, în timp ce îmi descria un loc minunat în care a fost:

— Am închis ochii, apoi i-am redeschis și îmi venea să plâng. Nu pentru că era atât de frumos acolo, nu pentru că mă aflam departe de casă, nu pentru că înțelegeam ce-mi vedeau ochii, ci pentru că mă simțeam singur și nu aveam cu cine să mă bucur. Nu aveam cu cine să împart bucuria!

Tot ceea ce contează în cele din urmă e legat de oameni.

Prietenii sunt importanți, atunci când îți oferă și le oferi afecțiune, loialitate, respect și încredere. Prietenii se cunosc la nevoie, iar legăturile puternice ajută la păstrarea unei stări de echilibru interior. Nu îi păstra alături doar pentru petrecerea de timp împreună, ci caută să ai prieteni care să îți aducă bine în viață, care sunt creativi și te inspiră, și, desigur, oameni pe care să îi poți ajuta și tu la nevoie. Pe cei care te vor stoarce de energie, lasă-i și, eventual, ajută-i de la distanță, nu-i părăsi de tot. Niciodată nu vei găsi fericirea în căderea altora, ci, din contră, o vei găsi în bucuria lor, ajutându-i.

Găsirea unui loc de muncă, arta, grădina verde, mâncarea gustoasă... n-au sens fără prieteni, fără oameni, fără suflete, fără să le împarți. Prieteni, prieteni și prieteni, oameni care bat acest drum prin viață împreună. E minunat să visezi, dar mai ales să creezi și să te bucuri alături de prietenii tăi.

Cred că vei ști oricum asta, dar totuși îți spun că o palmă nu doare fizic pe cât rănește sufletul. O palmă dată rămâne dată, chiar dacă ea a fost o greșeală și a fost urmată de regret din partea celui care a dat-o. Oglinda rămâne spartă, chiar dacă va fi fost lipită. Niciodată nu va mai fi la fel de limpede și netedă. Dacă vei accepta una, în orice formă, de ce nu vei accepta două? Fiecare fumător care a tras în piept zeci de mii de țigări, a început cu una singură, și știe că fiecare dintre ele îi face rău.

Într-o zi, în adolescență, căutam un vecin și am intrat în curtea și apoi în bucătăria lor, ademenit de un zbârnâit al geamurilor pe ritmuri de muzică. Când am deschis ușa, m-am trezit în mijlocul unui conflict. Ea, așezată pe scaun la masă se ferea cu mâinile, iar el încerca să o plesnească, dar s-a oprit văzându-mă, sărind spre un aparat și oprind gălăgia de muzică. A urmat un monolog, într-un miros infernal de alcool și tutun, prin care mi se explica faptul că acolo se petrecea o glumă. Apoi au urmat plânsete din partea lor, un fel de teatru, pentru mine, pentru ei, nu știu, după care am plecat lăsându-i în lumea lor. Acea femeie tocmai primea bătaie. Au rămas încă mulți ani împreună, timp în care ea avea grijă de el și de casă. Îi era teamă să plece, pentru că nu-și cunoștea puterea, nu știa ce forță zăcea în ea, iar acesta nu este un exemplu rar întâlnit.

Apoi, sunt destui oameni pe lume care se gândesc la ei înșiși, mulți oameni care n-ar mișca un deget pentru binele altora și tot ceea ce gândesc și fac se rezumă la lumea lor proprie și personală. Oamenii care se gândesc la ceilalți și acționează pentru ceilalți se pare că sunt ceva mai rari. Contribuie la comunitatea în care trăiești, fă voluntariat, ajută. Dragostea nu se termină niciodată, mereu e destulă pentru toți, iar ea lipsește în lume mai mult decât orice altceva!

Nu ne lipsesc hrana, mobila scumpă, hainele ferchețe, nici mașinile sclipitoare din reclame, nici ultimul tip de telefon, cum ne lipsește îmbrățișarea! Nu doar cea pe care putem să o primim, ci mai mult cea pe care putem să o oferim!

Iar atunci când nu poți rezolva ceva pentru cineva, roagă-te! Mai mult decât să te rogi pentru tine este să te rogi pentru altul, mai ales acum, în secolul în care e tare ușor să fim nefericiți.

Oameni, oameni și oameni... oameni care bat

zilnic drumul prin viață, toți caută bucuria, iar astăzi se întâlnesc și prin online, dar și în realitate. Pe drumul nostru cu sens unic, cum ar fi să ne ținem de mâini, găsind soluții, povestind idei, învățându-ne unii pe ceilalți despre ceea ce știm și ce pricepem fiecare despre lumea în care trăim?

... iar din când în când putem să ne oprim, să tăcem și să ascultăm focul care arde în mijlocul nostru.

Dacă îți vei distruge viața consumând alcool și droguri doar ca să vezi tu steluțe verzi, cred că ar fi o pierdere și o lentă autodistrugere pentru prea puțin, pentru o activitate ce poate părea recreativă. Dar dacă asta va fi soluția pentru ruperea de cotidian, o rupere prin care tu să realizezi ceva măreț în viață sau să lași ceva important în urma ta, sacrificându-ți sănătatea, aș putea înțelege, atât timp cât va fi o alegere asumată. Dacă îți vei distruge sănătatea consumând prea mult alcool sau tutun, sau ce-o fi, măcar fă-o pentru ceva important. Poți scoate diamantul din piatră, așa cum un miner iese cu aurul în palmele murdare din mina mocirloasă. E și asta o variantă. Aurul nu vine din frișcă. Aurul sclipește în palmele negre ale minerului. Dacă nu găsești o cale mai bună, fă-o! E alegerea ta. Dar dacă va fi nevoie vreodată să te întorci la momentul în care nu fumai sau nu erai dependentă de ceva anume, meditează asupra a ceea ce ai fost tu înainte, la cum trăiai fără fumat, fără alcool, fără vicii. În general, acestea nu duc decât la rău și mai rar la ceva bun. Încep și durează o vreme destul de lungă dându-ți un sentiment de relaxare, de plăcere, dar se termină prost și mulți ies șifonați sau foarte jos din asta, dacă mai ies. Problema e că nu știi situația până când lucrurile nu crapă de tot, poate definitiv. În plus, eu nu știu pe nimeni care să se fi întors cu vreun cufăr de diamante dintr-o astfel de călătorie, dar s-ar putea să fie și asta o cale.

La o petrecere la Londra, am cunoscut o româncă tare drăguță, dar care avea o problemă. Era ceva contradictoriu în ce făcea și în ce spunea. După vreo două ore de povestit, mi-a spus despre ea, ca și cum s-ar fi bucurat că a găsit pe cineva care să o asculte. Cu ceva vreme în urmă muncea din greu și banii nu îi ajungeau. Colega ei de cameră auzise despre un website pentru dame de companie, de lux, și se gândiseră ele că asta ar fi o soluție de trai pentru scurtă vreme. Se hotărâseră să încerce măcar o dată. A încercat. Au trecut ani. Acum, era dependentă de tot felul de droguri și îmi spunea că e învinsă, că nu se mai simte femeie, că nu se mai simte om. Iar ea e un caz fericit, în comparație cu alte fete care dispar și nu mai auzi de ele niciodată.

Mereu am susținut faptul că o viață plăcută vine prin echilibru și îmi mențin și astăzi această părere. Totuși, o viață bună până la moarte e o treabă, dar se pare că o viață interesantă și remarcabilă este una a extremelor. S-ar putea să nu trăiești mult astfel, să-ți pierzi prieteni, să schimbi locuri de trai sau job-uri, dar în final să realizezi că ai parcurs drumul inimii tale, evident, atât timp cât nu faci rău nimănui prin asta.

Iubirea o vei pricepe singură și nu i te vei putea opune. Iubirea este totul, iubirea este hrană, iubirea este chemare, iubirea este cauză și scop. Fără iubire, nimic din ce ai aduna sau face pe lume nu va fi suficient. Și nu e atât de mult să ai șansa s-o primești, cât e aceea să poți s-o dăruiești, ca și îmbrățișarea!

Te-am dorit! Nu ai apărut dintr-un accident, ci faptul că te-ai născut înseamnă foarte mult pentru noi. Te iubim necondiționat, iar asta nu se va schimba niciodată, orice ai face!

EDUCAȚIE

Educația este mult mai importantă decât orice moștenire materială, pentru că un om bine educat își poate câștiga mult mai simplu posesii materiale decât unul care se bazează doar pe cele pe care le poate pierde, iar dacă le pierde, pierdute rămân.

Nici eu nu le știu pe toate. Mă străduiesc să înțeleg lumea asta, oamenii, faptele, stelele, evenimentele, problemele. Și cu atât mai ciudat și mai diferit când privesc lumea de sus, de departe, cu ochii minții. Există multe motive pentru care merită să trăiești, iar unul dintre ele este descoperirea lumii care te înconjoară.

Prima parte a vieții este pentru învățat, pentru adunat cunoștințe. Restul vieții este despre ce ai adunat în prima ei parte, dar și despre ce poți schimba, despre dragoste, familie, casă, pasiuni și construcție în general. Educația pornește de acasă, de la părinți, dar există prin lume copii pentru care școala este o a doua șansă.

Așa cum pleci cu clăpari la ski, așa pleci în viață și în lume cu cât mai multe cunoștințe. Dacă pleci la ski în sandale, șansele să te întorci cu picioarele întregi sunt minime. Vecinătatea cu amatorismul nu aduce prea mari beneficii, ci te poate ține într-o zonă călduță de unde îți va fi teamă să pleci, pentru că nu vei înțelege ce se află dincolo de granița cu a te pricepe cu adevărat la ceva. Există oameni care muncesc în fabrici și există oameni care conduc instituții bancare sau care au profesii liberale. Cu toții pot fi oameni respectabili, dar una e să alegi, iar alta e să fi constrâns. Cu cât cunoaștem mai puține lucruri, cu atât mai vulnerabili suntem. Nu compara mare cu mic sau mic cu mare, dar învață din ceea ce vezi. De exemplu, vezi ce fac cei nefericiți și nu fă ca ei!

Mă uit la raftul cu cărți de lângă birou și mă întreb câți ani, câte nopți ai acelor ani, atâția oameni în casele lor sau te miri pe unde, prin ce mansarde, camere închiriate, palate sau cocioabe, au stat și au gândit, apoi le-au scris. Așa să gândești cartea când o vezi, să ți-l imaginezi pe om scriind, să te întrebi ce l-a mânat să scrie, cum a făcut-o și unde. Trebuie să înțelegi cât mai mult pe ce lume trăiești, așa că înainte de toate, învață cât de mult poți. E ceva să vezi un geam, dar cu totul altceva e să vezi afară prin el. Dacă nu te încântă o carte sau ți se pare grea, las-o și ia alta, altfel vei adopta convingerea că cititul nu e o activitate plăcută.

Poți învăța diverse lucruri în multe domenii, dar nu uita să înveți cât mai multe despre tine. Nu învăța doar despre exterior. Călătoria ta prin viață nu e numai despre supraviețuire, ci mai mult despre tine. Apoi împarte cu ceilalți ceea ce cunoști, ceea ce ai.

Trebuie să recunosc faptul că școala nu prea mi-a plăcut, dar ce să-i faci, trebuie făcută, pentru că va face diferența mai târziu, atunci când vei vrea să faci alegeri mult mai importante decât acelea care se ivesc în zilele însorite de vară într-un grup de copii. Pentru o vreme vei face exerciții de alergare. Peste un timp nu foarte îndelungat vei alerga mai ușor și mai mult decât la început. Picioarele îți vor fi mai puternice și mai sănătoase. Creierul funcționează la fel.

Fă tot posibilul la școală, dar nu încerca să înveți pentru note, ci pentru ceea ce îți rămâne în minte. Diploma nu îți va garanta succesul în viață, ci ceea ce poți face cu mintea ta îți va deschide drumuri în multe direcții. De exemplu, dacă vrei să înțelegi prezentul trebuie să înțelegi trecutul, despre asta este vorba în istorie, nu despre notele pe care le primești. Important e să înveți cât de mult poți. Notele îți pot aduce mulțumire de moment, dar satisfacția pe termen lung ți-o va aduce ceea ce ai învățat. Dezvoltarea capacităților tale în diverse domenii și încrederea în sine ce rezultă din munca depusă te vor duce înainte, iar notele vor rămâne undeva, într-un catalog pierdut printre mii de cataloage. Bine, până când vei ajunge tu la note, poate că se vor mai schimba multe. Poate vei merge în vacanță pe Marte, ceea ce de-o vreme pare tot mai posibil. Tot ce înveți de-a lungul timpului te va ajuta să îți folosești abilitățile ca să faci lumea mai bună prin prezența ta aici.

E bine să ai păreri, e bine să afli idei, dar nu să copiezi păreri sau idei, de asta trebuie să-ți exersezi creierul, iar matematica te va ajuta să faci legături rapide și clare.

O bună bucată din timpul vieții tale va fi petrecut colectând informații, mai ales în tinerețe. De la învățarea culorilor și până la cum să te cațeri pe un munte, citind cărți sau participând la cursuri, ori doar privindu-ți mama cum gătește sau muncește la computer sau pe mine reparând un gard, ori citind, sunt informații pe care le vei aduna zi de zi.

Ce informații vei vrea să aduni pe mai departe și pentru ce? La asta va trebui să te gândești ceva mai târziu, după ce vei decide ce să faci pe viitor, iar asta poate schimba cursul vieții tale, transformând o viață mediocră într-una remarcabilă.

Va fi bine să pui și să îți pui cât mai multe întrebări, apoi să găsești răspunsurile. *Cum de plutește un vapor construit din fier? Cum ai putea lucra inteligent în loc să lucrezi din greu? Cum comunică animalele?* Astăzi e mult mai simplu decât oricând în trecut să găsești informații, în timp ce mulți alții se joacă pe computer, se uită la televizor în aproape tot timpul liber sau găsesc activități care să le țină mintea ocupată cu ceva aproape inutil.

De ce unii fac mai mult și alții mai puțin în viață? Evit comparația și spiritul de competiție, pentru că niciun copil nu e la fel cu altul, niciun om nu are aceleași obiective și vise ca altul și ar fi ideal să ne sprijinim reciproc. Numai că cine se lasă pradă divertismentului zilnic, televizorului, internetului, ocupații aparent de umplut timpul, și nu-și canalizează energia spre un domeniu important pentru sine, nu numai că va mima viața, dar nici nu va face nimic deosebit pe lumea asta, ba chiar are șanse să se plângă mereu de eșec și de lipsa norocului. Vremurile s-au schimbat, dar valorile au rămas aceleași, iar succesul, cât de mic ar fi el, necesită aceeași dedicare ca și în trecut. În viitor, puțini cred că vor fi cei cu adevărat remarcabili în domeniile alese de ei. Vorba unui prieten, mare lucru să te trezești la timp, să te scuturi de praf și să înțelegi ce vrei! Târziu se trezesc mulți, dar ce rost mai are dacă e târziu? Mulți se vor plânge de faptul că n-au avut noroc și de-a lungul vieții lor vor patina pe o gheață subțire. În aceste vremuri e mai simplu să te pierzi, chiar dacă ai toate șansele să nu o faci. Decide ce vrei și canalizează-ți energia acolo, indiferent că vei deschide un restaurant, vei crește animale la fermă sau vei deveni medic, ori vei picta până la adânci bătrâneți! Va fi timp destul pentru odihnă și pentru alte activități, nu-ți fă griji. Dar nu uita că nu ești doar creație, ci și creator! Ține-ți mintea vie și atentă, ca să nu cazi și să te absoarbă activitățile banale de zi cu zi, pentru că riști să rămâi doar cu ele.

Ca să îți vină cheful de treabă atunci, când vei căuta să îți ocupi timpul cu ceva inutil, spune-ți că o vei face doar pentru 5 minute. *Voi citi doar pentru 5 minute!* Îți garantez că acesta este un început potrivit pentru o activitate utilă.

Vei găsi tot felul de modele de urmat, dar va fi bine să cântărești ce anume fac acei oameni și pentru ce. Dacă le-ai cunoaște viața intimă, ai înțelege că sunt oameni normali, ca și noi. Dar nu uita că poți fi tu, oricând, un model pentru ceilalți!

Valorile sunt stânci, iar viața e un fulg de nea... vei

muri într-o zi, nu uita asta! Dar nu uita că tu eşti rodul altor oameni, aşa cum un copac e rodul unui alt copac. Cel mai mult contează cum schimbi vieţile celorlalţi, pe care îi poţi atinge. Sper ca valorile tale, confirmate în timp, să includă onestitatea, generozitatea, respectul, familia, grija faţă de ceilalţi, sănătatea, învăţarea, echilibrul, răbdarea... acestea îţi vor fi cele mai bune călăuze. Oricum, va fi bine să-ţi conştientizezi valorile ca să ai parte de claritate în ceea ce priveşte viitorul tău. Nu trebuie să te ghidezi după valorile învăţate în copilărie, ci e important să-ţi descoperi propriile valori şi să le urmezi. Apoi, bucură-te de realizările tale! Bunele maniere te vor ajuta şi ele, chiar dacă par banalităţi atunci când le practici în copilărie.

M-am hotărât să-ţi scriu mai departe despre succes. Tocmai am terminat de văzut un documentar despre Churchill, pe telefon, în pat lângă tine, în timp ce tu dormeai. Cartea din bibliotecă care vorbeşte despre el nu mă atrage, e prea tehnică. Am coborât în birou, şi asemeni lui Winston, fumez lângă un deget de wiskey. Ştii, omul ăsta s-a născut şi a trăit pentru câţiva ani de glorie, dar a câştigat un război mondial, în timp ce a străbătut kilometrul care despărţea locul lui de naştere de mormântul în care a ajuns cu 90 de ani mai târziu.

Folosete timpul cu rost! Fiecare zi e o nouă şansă, un nou început, dar nici o zi vreodată nu va fi ca şi cea din prezent, azi, mereu cea de acum.

Urmăreşte-ţi visele, visele tale, nu visele părinţilor tăi, deşi pe alocuri pot fi aceleaşi. Urmăreşte-ţi propriul drum.

Nu ai vreme de prostii, timpul e limitat. Viața nu stă după tine, ci trece, merge mai departe. Când nu știi ce ai de făcut, stai în tăcere și întreabă-ți inima. Nu-ți consuma timpul și energia pentru obiecte cu care să te mândrești. Nu contează dacă ai sau nu mai mult decât alții, ci cât de bogat îți este sufletul și cât de frumos și liniștit trăiești.

Puține sunt lucrurile de care mă simt legat și la care aș renunța foarte greu, de exemplu o vestă de lucru pe care o port aproape peste tot și pe care atunci când se uzează o schimb cu alta nouă identică, de la același magazin. Cred că aș purta aceeași vestă și dacă aș fi miliardar. Dar ăsta e un lucru mărunt, iar viața mea nu înseamnă obiecte, ci ceea ce fac zi de zi.

Nu ești obiectele tale, nici cariera ta, nici banii tăi, ci ești lumină, ești dragoste, și energie, așa că dansează prin viață, dansează ca și cum nimeni nu te-ar vedea!

Atunci când te vei îndrepta către o situație nouă, dar mai ales către una cunoscută, nu îți imagina scenarii negative! Imaginarea unui scenariu negativ al unei experiențe viitoare aduce stres și nesiguranța. *Sigur nu mă va angaja! Nu voi reuși, voi avea emoții!* Nu fă asta!

Orice problemă ar apărea, păstrează-ți calmul și gândește, măcar pentru câteva secunde, la soluția cea mai bună. Dacă te trezești într-o clădire cuprinsă de flăcări, o iei la fugă pe unde apuci sau analizezi în câteva secunde care sunt posibilitățile? Pe care ușă fugi? Poți sări pe geam? Există vreun stingător? Dacă te apleci la podea ca să respiri mai ușor, șansele de supraviețuire îți sunt mult mai mari decât atunci când o iei la goană haotic prin fum negru, fără a-ți folosi inteligența măcar pentru câteva clipe. Panica, mişcările bruşte, nu ajută în multe cazuri în care trebuie să iei în cel mai scurt timp cea mai potrivită decizie. Trebuie să diminuăm crizele, nu să le generăm, iar asta nu are nicio legătură cu norocul.

Păstrează-ți calmul în situații tensionate. Cu siguranță acestea vor apărea la un moment dat. Mulți oameni par a fi foarte stăpâni pe sine, dar când sunt puşi în fața unei situații de urgență, îşi pierd calmul sau chiar încrederea în sine. Atunci când ți se întâmplă ție, gândeşte pentru câteva secunde care e cea mai potrivită soluție pentru a face ca situația să dispară.

Poți schimba lumea sau poți trece prin ea, prin timp, ca şi cum n-ai fi fost. Înclin să cred că e cam tot aia în ambele cazuri, dacă privim o furnică de pe un munte, dar dacă tot poți urca un munte, de ce n-ai face-o?

Succesul în viață înseamnă altceva pentru fiecare om. Nu suntem doi la fel, astfel că succesul pentru tine va însemna altceva decât înseamnă pentru mine. Dar, în linii mari, chiar dacă ideile şi circumstanțele se vor schimba mereu, atitudinea rămâne mereu decisivă.

Trecem prin momente de tot felul, iar succesul nu este o linie dreaptă. Cădem, ne ridicăm, iar cădem şi tot aşa, până la final. Trebuie să munceşti, chiar dacă uneori, sau mai ales pentru că, lucrurile mari nu vin uşor. De exemplu, pentru mine succes înseamnă că pot să beau o cafea pe terasă în tihnă, într-o dimineață de luni, în oricare dimineață de luni. Marți la fel, în oricare zi de marți.

Imaginează-ți că eşti la volanul unui autobuz şi îl

conduci pentru o vreme de multe stații. La prima stație urcă trei probleme. Mergi mai departe. La următoarea urcă patru, coboară două. Mai departe, oprire de urgență, coboară una. Altă stație, urcă trei, coboară trei... Autobuzul, oricât de plin ar fi, nu se poate răsturna. Acești pasageri sunt probleme și bucurii... tu nu trebuie decât să conduci cu grijă înainte, ca să ajungi cu bine la destinație. Probleme vor exista mereu, la fel și bucurii.

Poate vrei să faci ceva ce alții fac deja. Gândește-te că nu toți luptă sau muncesc cu aceeași hotărâre și pasiune cum o poți tu face. Poți face lucruri grele, poți lua decizii grele! Nu e nimic imposibil pentru tine, iar impactul pe care îl poți avea asupra lumii e imens! Asta numai și numai dacă vrei tu.

Căderile pot deveni motive pentru a te ridica mult mai sus decât ai fi făcut-o într-un context mai bun. Vei da greș uneori, iar asta nu e o problemă, ci parte din drum! De asta vei putea, dacă vei vrea, să încerci din nou. Vei avea și de suferit. Nimeni nu scapă de asta. Atunci când vei înțelege că lumea așa funcționează, îți va fi mult mai simplu să accepți ceea ce nu poți schimba. Unii dau greș și ajung la depresii, alții învață din greșeli și încearcă din nou, pe același drum sau, chiar mai bine, pe altul. Căderile se cam întâmplă în viață, numai că nouă nu ne plac, mai ales când le trăim prea devreme.

Nu-ți fie teamă să greșești, dacă poți înțelege apoi ceva din asta. Poți pierde oameni dragi, poți pierde locuri de muncă sau bani, poți pierde multe uneori din cauza ta, alteori din cauze externe, dar lumina, dacă o lași să între printre crăpăturile zidului, te va ghida! Tot timpul căutăm soluții pentru a rezolva lucrurile, și nu motive pentru eșec, pentru că nu e atât de interesant de discutat ceea ce nu faci sau ce nu se poate face, ci concentrarea trebuie să fie pe ceea ce faci sau pe ceea ce vrei și poți să faci!

Vezi în general, pentru că mai sunt și excepții, ce îi deosebește pe oamenii de succes de oamenii fără succes. Pe oamenii fericiți de oamenii nefericiți. Pe oamenii sănătoși de oamenii bolnavi. Învață care e atitudinea potrivită. Spre exemplu, dacă luăm media de vârstă pe țări, vezi că oamenii trăiesc diferit, iar unii sunt mai longevivi decât ceilalți. Asta fără doar și poate. Ce anume fac cei care trăiesc mai mult? Beau, fumează, se îmbuibă de mâncare grasă și se uită ore întregi la televizor? Nu. Vezi diferențele!

Învață și de la animale, nu doar de la oameni. Pisica stă relaxată la soare, apoi, când e de făcut un salt, îl face așa cum trebuie!

Fă-ți planuri mari fără teamă, pune-ți pe foaie obiective curajoase, țintește cât mai sus, apoi apucă-te de treabă. Vrei o relație frumoasă? Țintește sus! Vrei să ai bani? Țintește sus! Vrei să ajungi pe Marte? Țintește sus! Vrei să dezvolți o afacere importantă? Țintește sus! Vrei să intri în politică? Țintește sus! Ai curaj, lasă-ți mintea să viseze și inima să aleagă! Bariera către cele mai mai realizări poate fi numai în mintea ta! Poți materializa gânduri!

Odată cu trecerea timpului, vei vedea că, dacă arunci firimituri într-un lac cu pești, cei mari nu se grăbesc să le mănânce, dar cei mici se vor bate pe ele. La un moment dat s-ar putea să primești un astfel de test, te miri unde, ca cineva să afle ce fel de pește ești, mic sau mare. Dacă țintești sus sau te mulțumești cu puțin.

Pune ideile tale pe hârtie atunci când te copleșesc și alege una, două, apoi dezvoltă-le. La fel și cu problemele, apoi rezolvă-le. Nu-ți irosi energia în 100 de locuri, pe 100 de lucruri, vorbind cu 100 de oameni, pentru că așa nu ajungi prea curând la o soluție. Ți-o spun din experiență. Accesează oceanul de energie al universului, cere claritate, roagă-te și vei primi oamenii potriviți care să te ajute! Caută sens în momentele în care pare că situația e de neînțeles.

Am întâlnit un om care are în grijă o gospodărie la țară. Proprietarii locuiesc în oraș. Omul nostru nu are televizor, nici curent electric în căsuța lui, dar are o telecomandă. Ce face cu ea? Păi, merge seara, chiar și pe negură și fulgerătură, la geamul casei a cărei curte o are în grijă și pornește televizorul din casă, îl dă tare astfel încât să audă prin fereastra închisă și așa se uită, de afară, la știri. La cum sunt sparte magazine prin țară, la cum și-a mai găsit sfârșitul câte o bătrână din cauza vreunui topor primit în creștetul capului. Și trec zilele, și trec viețile, și trec și știrile. Mai e și cald, mai e și frig când plouă alb. Iar teama crește, și crește!
Mai pe seară, în altă vară, când soarele va lumina alți ochi de pe Pământ, de te vei supăra pe viață, ba că n-ai una, ba că n-ai alta, să te gândești că tocmai lumina unui televizor „interzis" se oglindea prin sticla de sub streașină, pe retina omului rezemat de zidul casei

încuiate. Lumina vieții lui...

Unii nu vor să trăiască, alții nu vor să moară, iar alții regretă că s-au născut. Viața nu e simplă peste tot, iar răul există și trebuie să accepți asta.

Una dintre cele mai puternice imagini pe care le-am văzut vreodată a fost când te priveam de atâtea ori cum mângâiai cu mânuțele mici sânul mamei tale în timp ce te hrănea. Și o voi mai vedea încă, pentru că ești tare micuță. De câte ori văd asta, mă întreb cum e posibil să existe copii ca tine, de câteva săptămâni sau luni, fără părinți, în orfelinate, ori și mai grav, prin paturi de spital. Copii care nici n-au deschis bine ochii pentru prima dată în această lume, și s-au trezit într-un mediu ostil, necunoscut, fără mângâiere, fără pupături, fără dragoste, fără un loc care să le ofere pace și siguranță sau fără sănătate. Nu vreau să-ți cer ție ceea ce eu nu pot face, dar gândește-te la asta și tu uneori. Unele povești triste pot părea oarecum ireale sau ca fiind exagerate pentru cei care au crescut în confort, dar copiii, și nu numai copiii, ci și adulții aflați în suferință, de multe ori, sunt la câteva minute distanță de noi. Nu uita de ei în drumul tău...

Aș vrea ca toată lumea să fie fericită, iar în același timp știu că cei mai deștepți și mai puternici trebuie să ducă lumea asta mai departe.

Lumea poate fi un loc mult mai bun dacă nu e lăsată la mâna mediocrității, deși nu s-a trăit niciodată mai bine ca astăzi, chiar dacă sistemul în care trăim nu este perfect. Și tu poți pune umărul la construirea unui viitor mai luminos și unui sistem mai sănătos. Fără sistem ne-am întoarce la legea junglei.

Sistemul de astăzi, făcut pentru om, de fapt este și el imperfect, aidoma sistemelor mai vechi. Din păcate, încă nu a găsit nimeni un sistem mai bun.

Pe Pământ au existat și perioade de extincție. Poate urma o alta, dacă stăm și așteptăm, fără să învățăm despre universul acesta interesant și fără să explorăm.

Problemele nu se vor sfârși niciodată. Eu am avut suficiente probleme încât să învăț să nu mă mai tem de ele. Ele m-au maturizat, ele mi-au arătat că există mai multe căi pentru viitor, m-au făcut mai puternic.

Micile mele victorii s-au clădit și adunat într-una apreciabilă: o viață fără ceas, în mijlocul oamenilor dragi, într-un mediu verde și pașnic, acasă.

O bună parte din viața ta va fi produsul gândurilor tale, de asta trebuie să afli ce și cât poți duce în spinare. Într-o zi toate vor cădea pe umerii tăi.

Va fi interesant și provocator să crești, să găsești succesul, să îți construiești viața, dar nu uita: fericirea se află mereu în inima ta.

Sper să învăț să te ascult suficient, ca să pricep cât mai multe de la tine, pentru că sunt sigur că vei avea multe de spus în curând, iar timpul trece repede.

BANI ȘI MUNCĂ

Am cunoscut diverși oameni care visează la o lume fără bani, la o lume a trocului, la pace și iubire pe lume.

Sună drăguț, dar din punctul meu de vedere așa ceva nu se poate, ba chiar ne-ar întoarce la o viață aspră, la încurajarea mediocrității și amatorismului, și multe altele de care oameni au fugit în trecut. Însă aceste discuții animă totuși câte o seară de stat la bere. În realitate, însă, avem nevoie de bani ca să trăim în societate, în confort și ca să putem face schimburi în secolul în care trăim.

Bunicii noștri și ai lor au traversat vremuri în care viziunea asupra lumii era limitată, resursele, oportunitățile și șansele erau puține. Acum, iată, apăsăm un buton și avem New York-ul sau Londra pe un monitor.

Pe vremuri, predictibilitatea viitorului era la ordinea zilei. Știai ce vei munci pentru tot restul vieții, știai cu cine te vei căsători și visul suprem pentru băieții era preluarea gospodăriei de la părinți, iar pentru fete nașterea copiilor. Libertatea era limitată, dar, datorită lipsei de deschidere, asta nu reprezenta o problemă. Viața în sine devenea o luptă pentru supraviețuire, focusată pe nevoile primare. Astăzi, venind din oraș către sat, comparația este inechitabilă, dar libertatea are alte dimensiuni. Când trăiam în Hunedoara mă simțeam mic, mărunt. Când am ajuns în Londra mi-am dat seama că puteam cuprinde, în diverse moduri, întreaga Românie, iar asta nu s-a mai schimbat de atunci, deși acum trăiesc într-un cătun. Ba mai mult, plaja de acoperire s-a mărit, datorită rețelelor sociale, musafirilor cosmopoliți și propriei voințe.

Astăzi ai șansa să-ți construiești viitorul mult mai

ușor decât îți puteai imagina în trecut, dar ca să faci lucruri mari și chiar să faci bine altora, mai întâi trebuie să te ajuți pe tine, indiferent de care plan al vieții vorbim. Că e despre bani, că e despre sănătate, despre suflet sau educație, întâi și întâi trebuie să vezi de tine, să îți fie ție suficient de bine. Știu că sună egoist, dar așa funcționează lucrurile. Poate că ai putea lucra în cercetare. Poate că îți vei dori să vindeci oameni bolnavi și vei deveni medic. Poate că te va atrage arta sau, cine știe, poate că vei dori să dezvolți afaceri. Ascultă-ți chemarea și urmează drumul care te pasionează, astfel vei avea parte și de satisfacții financiare. Dacă faci un lucru bine, șansele ca să nu câștigi bani din asta sunt minime. Sigur că ideal ar fi să-ți trăiești viața, în loc să-ți admiri mașina sau cine știe ce obiecte. Poți să le faci și pe acestea, desigur, dar să nu le pui pe primul loc. Nu obiectele sunt scopul vieții tale.

În viață trebuie să te și distrezi, asta dacă nu cumva munca pe care ți-ai ales-o este și plăcerea ta cea mai mare care îți va umple paharul bucuriei. Oricum, e de preferat să încerci și să practici cât mai multe, să experimentezi ca să găsești multe pasiuni la început, ca apoi să-ți rămână cele mai mari, cu care vei continua pentru multă vreme. Astfel vei întâlni și oameni care au aceleași plăceri, ceea ce e minunat.

O viață fără scop și sens nu te poate încânta, chiar dacă ai toate bunurile din lume. Trebuie să faci ce-ți place, să te bucuri că te trezești dimineața.

Pentru mine, schimbarea Londrei cu satul românesc

înseamnă și asta: nu stau aici ca să fac bani, ci fac bani ca să pot să stau aici și să mă bucur de asta. Bani am avut tot timpul. Din adolescență m-am descurcat în această privință. Desigur, prin muncă. De exemplu, am scris pe hârtiuțe mii de idei, planuri, lucruri de făcut, apoi, după ce le-am rezolvat sau am renunțat la unele dintre cele notate, le-am aruncat. Am șters sute și sute de emailuri cu idei pe care mi le-am trimis ca să nu le uit. Îmi pare rău că nu le-am păstrat. Poate că ar fi bine să le păstrezi pe ale tale, doar ca să vezi câte se adună dacă te organizezi și muncești.

Am cunoscut un medic în Londra care se muta pentru câte doi ani prin marile orașe ale lumii, ca cercetător. Tot ce avea pe lume erau un laptop, un pat mare cu baldachin, pe care îl demonta și îl transporta în cutii atunci când se muta, o bicicletă, câteva haine și un cont bancar. Acel om iubește ceea ce face și nu-l interesează altceva. Pentru el nu contează banii, nu contează că locuiește în chirie, nu contează nimic altceva decât pasiunea de a sta cu ochii în microscop și de a descoperi ceva într-o bună zi, care poate va fi util lumii întregi. Ar fi drept să-l judecăm după hainele pe care le poartă? Și uite că banii se adună acolo în contul lui, dar scopul vieții lui e altul. El nu s-a făcut medic ca să adune bani, ci adună bani pentru că face ce-i place. Tare sper să îți intre bine în cap aspectul ăsta. Ce ai face dacă ai avea o sumă importantă de bani? Ai salva oameni? Dacă da, atunci salvează-i de pe acum. Dacă nu știi ce ai face cu banii și te gândești că ai pierde vremea, atunci nici nu vei avea bani sau, cel puțin, nu i-ai merita.

Nu ar fi de preferat să muncești foarte serios prea devreme, decât pentru a te juca cu strângerea și cheltuirea banilor. Treaba unui copil este să se joace și să învețe, nu să acumuleze sume de bani sau să muncească pentru asta. Totuși, m-aș bucura să te lovești de unele probleme atunci când îți va fi foarte bine, ca să înveți să le ții piept într-un mediu cald, pentru că oricum te vei lovi de ele mai târziu. Oamenii de succes adună de-a lungul vieții lor o grămadă de eșecuri. Oricum, va fi importantă gestionarea banilor. Nu e în regulă să îi câștigi și să îi cheltuiești mai repede decât îi poți produce.

Pe de altă parte, acumulările de bani au sens atunci când vei realiza ceva cu aceștia sau când îi vei investi în diverse locuri, de preferat. Nu toți într-unul, nu toate ouăle în același coș. Pentru mine, banii n-au reprezentat niciodată o sursă de stres de când am devenit adult. Nevoia m-a învățat să-i produc, să muncesc eficient și de cele mai multe ori cu plăcere.

Locuri de muncă poți găsi, dar ideal este să le produci tu sau măcar să alegi unul care să-ți încânte sufletul. Să te trezești dimineața cu plăcere, în loc să te întorci cu fața la perete și să îți dorești să vină mai repede sfârșitul de săptămână. Schimbarea locurilor de muncă, dacă va fi cazul de loc de muncă, nu e o procedură rea, pentru că schimbarea te poate duce la mai bine, dar munca grea în tinerețe te poate învăța lecții folositoare pentru tot restul vieții.

Fă planuri și urmează-le! Cariera de succes nu e un dat, ci o construcție cărămidă cu cărămidă.

Obținerea unui venit care să-ți ofere confort și siguranță, chiar și temporar, poate fi o plăcere sau un rău necesar. Ideal ar fi să trăim într-o lume care să ofere tuturor calitate vieții, dar oamenii nu sunt la fel, nu muncesc la fel, așteptările le sunt altele, iar calitatea vieții pentru fiecare om înseamnă altceva. Așa că, în lumea în care trăim, trebuie să ne câștigăm singuri resursele pentru ceea ce numim noi, fiecare în felul lui, bunăstare. Oricum, unul dintre obiectivele mele este să te ajut să înveți să îți câștigi singură cele necesare, ca să nu ajungi dependentă din punct de vedere financiar de altcineva, și să știi să păstrezi cu responsabilitate și chiar să valorizezi ceea ce primești de la noi, părinții tăi.

De ce eu am vrut să fac ceva diferit, de ce să nu am un șef? Pentru ca lipsurile și o viață plină de neprevăzut pot fi la un pas după pierderea unui loc de muncă, care oricât de sigur poate părea, nu este garantat.

Mă bucură ceea ce fac, indiferent că lucrez prin curte, prin grădină sau la birou. Chiar mă relaxez prin aceste activități de foarte multe ori. Nu am nevoie de concediu, pentru că trăiesc așa cum îmi doresc zi de zi, deși muncesc în fiecare zi.

Dar în lumea largă există mulți oameni nefericiți care muncesc ceva ce nu le convine, pentru a-și cumpăra hrană, pentru facturi, pentru a supraviețui, ducând chiar o viață aspră în care nu își găsesc fericirea. Muncesc pentru a trăi o viață nefericită până la capăt. Mulți dintre aceștia nu știu altceva și le e teamă să facă schimbări. Nu uita că un nou început îți este oferit în fiecare dimineață în care deschizi ochii. Se pot schimba multe într-o zi, iar unii, nefericiți, nu schimbă nimic în ani sau zeci de ani. Nu fac studii noi, nu schimbă locul de muncă, nu schimbă partenerul, nu îşi iau viaţa în propriile mâini, nu îşi schimbă alimentaţia etc., dar aşteaptă tot timpul o schimbare din exterior sau să-i pălească vreun noroc din senin. Norocul apare mai uşor atunci când porneşti să-l cauţi.

Munceşte cu inima, nu cu mâna. Vorbeşte cu inima, nu cu gura. Fă lucrurile cu şi din iubire. Dacă vei căuta iubirea mai mult decât banii, sunt sigur că oamenii de care vei avea nevoie te vor iubi pentru ceea ce vei fi, nu pentru ceea ce vei avea.

Indiferent că vei planta castraveţi, vei pilota avioane, vei deveni politician, vei opera oameni sau vei conduce afaceri, această viaţă îţi va fi un eşec dacă nu eşti sinceră cu tine însăţi, în inima ta.

Şi, peste asta, fă tot posibilul să laşi lumea un pic mai bună de cât ai găsit-o. Nu uita de prezent! Ceea ce trăieşti zi de zi înseamnă viaţa ta şi, chiar dacă uneori e bine să faci asta, totuşi, ar fi o pierdere să trăieşti mereu cu gândul la un viitor mai bun. Viitorul va fi o consecinţă a prezentului, în mare parte datorită ţie.

Focusează-te şi pe viitor, pe rezolvarea problemelor şi pe echilibrul interior, dar trăieşte în prezent. Focusează-te şi pe trecut, ca să înveţi din el, dar când vei ajunge să povesteşti tot timpul despre trecut, când vei ajunge să te gândeşti mai mult la probleme fără a căuta rezolvări sau când vei simţi că eşti în dezechilibru interior, să ştii că te-ai blocat şi va fi nevoie să faci o schimbare.

Cât despre activităţi care implică oameni, cu cât mai

mulți vor fi ei, cu atât mai mari șansele să apară și unii nemulțumiți. Scoate-ți din cap credința care spune că poți mulțumi pe toată lumea.

Mereu se va da o luptă în mine, între ceea ce îmi doresc eu să faci și ceea ce vei face, dar judecând cu inima, tu vei trăi exact așa cum vei crede de cuviință. Noi, ca părinți, în general, avem datoria de a ne asigura că pruncul are ceea ce îi trebuie ca să crească în armonie, sănătate, pace și dragoste, dar și educat către diversitate de unde să poată alege. De acolo înainte, vei face alegeri. M-aș bucura tare mult să te îndrepți spre artă, dar nu m-aș supăra nici dacă vei crește legume sau dacă vei avea un loc de muncă normal, atât timp cât vei fi fericită și vei face prin asta ceea ce îți va încânta sufletul. Mi-ar plăcea să nu fumezi, pentru că știu ce prostie e să o faci și să nu te mai poți opri, dar, din nou, tu vei face exact așa cum vei dori.

Instinctele primare sunt cele care vor face diferența, împletite cu cât mai multe cunoștințe, dacă le vei folosi în mod echilibrat.

Nu poți munci o viață pentru bani și bogății, pentru că te tâmpești. Ideea e să faci ceva util și pentru omenire, pentru planetă. De la un nivel înțelegi lucrurile altfel. Mulți au devenit nefericiți atunci când au ajuns să aibă mulți bani, dar asta nu e o regulă. Depinde de tine cine ești în general, cu sau fără bani. Poți fi un om mizerabil sau un om frumos și cu bani, și fără.

SĂNĂTATE

Printre rugăciunile mele, acolo pe treptele spitalului, cea mai puternică a fost aceea pentru sănătatea ta. A fi sănătos este un lucru de preț, pentru că fără sănătate nu poți face prea multe. Pentru că cei mai mulți dintre noi am primit sănătatea fără să fi depus vreun efort pentru asta, ne e tare greu să o apreciem la adevărata ei valoare. Ne e foarte greu să învățăm să apreciem binele fără să cunoaștem răul pe propria piele, de aceea fericiți sunt cei care învață din experiențele altora și la timp.

A fi sănătos nu este un dar veșnic, ci unul temporar, pentru că vrem, nu vrem, ruginim. Dar a fi sănătos pe termen lung ține de un stil de viață, care poate preveni multe necazuri. E important să ai grijă de tine. Boala nu ne găsește atunci când suntem plecați ca să facem sport, pentru că de cele mai multe ori ne caută acasă. O dietă sănătoasă e importantă, ca și somnul de noapte, ca și conștientizarea a ceea ce faci pentru a-ți menține sănătatea, de care ar fi bine să ai grijă din tinerețe. Mai târziu poate fi prea târziu.

Viața noastră se învârte în jurul mâncării, care este foarte importantă pentru noi. Din păcate puțini oameni mai țin post în zilele noastre, dar dincolo de aspectul religios al lui, a te abține temporar de la unele lucruri pe care le ai, pe care le poți folosi sau mânca, prin pauze, înveți să le apreciezi mai mult, iar corpul și mintea au răgaz pentru a se odihni, curăța și vindeca de multe rele.

Niciodată nu mi-a lipsit mâncarea, dar cu diversitatea stăteam cam prost în vremea copilăriei. Acum, tu poți avea parte de multe alimente, fructe și legume pe tot parcursul anului.

Pentru a-ți menține sănătatea contează foarte mult să consumi hrană proaspătă, ușoară și diversă, alături de mișcare, igienă și o minte limpede.

Oricum, nu e nimic garantat. Am auzit despre un călugăr care a murit la puțin peste 50 de ani din cauza unei boli grave, ducând o viață mănăstirească, așa că nu ăsta este scopul. Scopul este ca viața să-ți fie plină de sens, iar masa să fie mereu o sărbătoare. Ce ai în farfurie poate fi doar un aliment sau poate fi mult mai mult decât atât. Valoarea i-o dai tu. Iar conștientizarea acțiunilor îți poate schimba stilul de viață. *Mănânc carne pentru că vreau, nu pentru că am nevoie! Fumez pentru că vreau, nu pentru că am nevoie! Beau alcool pentru că vreau, nu pentru că am nevoie.*

Alimentele cu vibrație ridicată sunt fructele, legumele și ierburile proaspete. Sunt sigur că dacă îți asculți inima, poți simți ce îți face bine și ce îți face rău, oricând, în orice domeniu. Chiar și în alegerea partenerului, în alegerea unui curs, în alimentație, în privința locului de muncă și altele. Simți în inima ta, și numai în inima ta, dacă un lucru, o împrejurare, o persoană, un gând îți face bine sau îți face rău. Totul e să și aplici răspunsul care vine din interiorul tău. Vei putea distinge tot timpul binele de rău, dacă îți vei asculta inima. Atunci când te vei simți în siguranță, în pace și în iubire, vei ști că e bine. Când vei simți teamă, neîncredere sau durere, vei înțelege că e rău. Nu vei avea nevoie niciodată de cineva care să îți explice aceste lucruri.

Pentru atunci când te va îngrijora viitorul sau vei regreta trecutul, o prietenă m-a învățat despre haina recunoștinței, cu care te poți înveli noaptea, atunci când te pui la somn. Închizi ochii și îți imaginezi că îmbraci haina căldută și pufoasă, care îți regenerează organismul în timpul somnului. Apoi spui o rugăciune de mulțumire după care tot ceea ce ceri este claritate și ghidare în tot ceea ce faci. Recunoștința este unul dintre gândurile cu cea mai puternică vibrație energetică, alături, de exemplu, de adevăr. Recunoștința și iubirea sunt totuși cele mai mari daruri pe care le poți oferi altora și ți le poți oferi și ție. Mai poți îmbrăca și haina de lumină a iubirii, dacă iubirea pe care o vei primi din afară nu îți va ajunge. Încearcă.

Mintea are nevoie și ea de pace și de pauză, adică ai nevoie de liniște și de somn odihnitor. Ai grijă de tine! Dacă tu nu vei avea grijă de tine, nimeni nu va avea. Dacă tu nu te vei vedea frumoasă, nimeni nu te va vedea frumoasă. Dacă tu nu vei avea încredere în tine, nimeni nu va avea.

Când vei fi epuizat orice soluție pământească în fața unei probleme, nu uita că cea puternică dintre ele este această rugăciune: *Doamne, am încercat tot ce am putut. Mă dăruiesc ție și îți las această problemă să o rezolvi așa cum dorești.*

Corpul omenesc e atât de firav și în același timp un mecanism atât de complex și de puternic. Mâna care este de fapt o prelungire, primește și execută comenzi. Se întinde și apucă un obiect fără ca tu să gândești asta cu mintea conștientă. E o mașinărie inexplicabilă, care va fi casa cu totul numai și numai a ta. Haide să ne imaginăm că suntem foarte mici și intrăm în corpul uman. Iată, am pășit într-o arteră. Aici curge odată cu noi sângele care trece ca un tren de marfă transportând soldați odihniți, instruiți să susțină și să apere viața întregului corp, și hrană curată pentru fiecare celulă. Pe altă parte, revine cu alți soldați obosiți pe care îi duce la odihnă și cu coșurile goale care se vor reîncărca cu ceea ce vei mânca. Trenul acesta mai duce și iubire peste tot în corpul tău, iubirea care se află în inimă. Vagoanele lui vor transporta până în ultima clipă de viață în corpurile noastre ceea ce punem în ele. Sper să-i pui tot ce poți mai bun acolo, pentru că tu vei alege.

Corpul tău, templul tău, de care ar fi bine să ai grijă așa cum ai grijă de casa în care trăiești, este alcătuit din tot felul de elemente despre care învățăm în special din cărțile de chimie. Apă, sare, fier, cupru, zinc, magneziu ș.a.m.d., așa cum o casă e construită din cărămidă, lemn sau piatră. Diferența dintre casa în care locuiești și corpul tău, este acea secundă inexplicabilă încă, în care inima a început să bată și sângele a pornit să încălzească, să hrănească și să apere fiecare celulă. A pornit viața în sine. Aceste bucățele de materie, care sunt în continuă mișcare, lipite printr-o forță necunoscută, sunt casa sufletului tău. Ele, legate, alcătuiesc părul tău blond, ochii tăi albaștri, degetele, năsucul, creierul și toate formele corpului tău. Corpul face o importantă legătură cu lumea asta reală prin care ne învârtim zi de zi.

Îmi amintesc o aventură amuzantă și interesantă din Londra, când am ajuns la un spital de urgență. Mă trezisem într-una din zilele săptămânii ca să plec la muncă. Pentru că locuiam foarte aproape și aveam timp, înainte de plecare, după ce m-am spălat pe dinți, mi-a dat prin minte să îmi curăț urechile cu un bețișor cu vată. Am curățat urechea stângă cu unul dintre capete, iar cu celălalt capăt urechea dreaptă. Dar când l-am scos din cea din urmă, vata nu se mai afla pe băț. Am încercat să o prind cumva, dar nu am reușit cu degetele, astfel că, după câteva minute de căutare a unei pensete - fără succes, am folosit un tirbușon, desigur, pentru acel vârf ascuțit și rotit care ar fi putut agăța vata din ureche. Dar ce să vezi, am împins-o și mai mult înăuntru. Evident că m-am speriat, simțind-o acolo undeva în interior. Am ajuns la familia șefului meu în loc să plec la muncă, ca să o scoată fetele cu o pensetă. Au încercat dar, finalul a fost acesta:

— Nu se mai vede deloc!

Ok, mi-am spus. E de mers la spital. Am așteptat la urgență vreo patru ore, timp în care intrau în sala de așteptare ba unii plini de sânge și cu cătușe la mâini, ba alții care dovedeau în priviri un fel de groază a morții, așa că nu se îndura niciun doctor să mă bage în seamă, înainte celor evident mai urgent de consultat. Într-un final mi-am auzit numele și m-am îndreptat nerăbdător spre ușa care ducea la zona de consultații. În ușă aștepta medicul care urma să mi se uite în ureche. După ce a tras lângă mine o drăcovenie pe roți, cu furtune și lumini, s-a uitat ce s-a uitat în ureche, după care a băgat o pensetă pe acolo.

— E prea adânc băgată. Reușesc totuși să o văd cu lupa.

Evident că mi s-a tăiat orice gând de a-i da vreo

replică şi de întrebat, chiar n-aveam ce. Aşteptam să mai facă ceva, să mai încerce o variantă, doar de asta a făcut şcoală. A plecat şi a venit cu varianta a doua.

— Aşteptăm, spuse, să vină un specialist de pe secţia care se ocupă cu astfel de probleme, după care plecă din separeul cu perdele care mă despărţea de alţi pacienţi aflaţi în stare mult mai gravă.

După vreo zece minte care mi s-au părut mai lungi decât cele patru ore petrecute în sala de aşteptare, veni un alt medic, îmbracat în albastru. Cei din urgenţă se pare că purtau echipament maro, adică pantaloni foarte comozi care semănau a pijamale, un tricou în V şi nelipsitul stetoscop atârnându-le în jurul gâtului.

— Ia să vedem, spune noul meu salvator.

Se uită cu lupa şi scoate un fel de mormăit, care cu siguranţă nu era un mesaj liniştitor. Băgă apoi penseta în ureche şi tot încercă să prindă cu ea, dar, după câteva momente, o lăsă pe tavă şi îmi spuse pe un ton foarte serios:

— E nevoie de o procedură mai complicată. Trebuie să mergi la un alt spital pentru operaţiunea asta. E în Westminster.

— E nevoie de operaţie? Am întrebat eu neîncrezător, enervat şi speriat în acelaşi timp.

— E nevoie de un aparat special, cu cameră, care poate prinde acel corp introdus în ureche. Procedura se numeşte operaţie, dar nu cred că va fi tăiat ceva pe acolo, spuse în grabă. Dar, mai întâi să chem un coleg să vadă şi el, continuă doctorul.

Am mai aşteptat alte zece minute, până ce intrară cei doi medici, urmaţi de un fel de Super Mario negricios, mustăcios, mic, grăsuţ şi îmbrăcat într-o salopetă albastră de blugi, tricou negru și bocanci. După ținuta lui arăta mai degrabă a mecanic auto sau a instalator, decât a cadru medical, cel mult, infirmier. Nici nu salută, iar degetele lui groase și scurte apucară acea nenorocită de pensetă și mi-o băgă în ureche fără să îmi spună ceva sau fără să se uite cu lupa înăuntru. Privea pe tavan și scormonea în capul meu, ca și cum ar fi căutat ceva într-un sac sau ar fi inseminat o vacă. Când l-am auzit scrâșnind din dinți și i-am privit figura îndreptată spre tavan, m-am gândit că îmi sparge timpanul, dar, iată, deja simțeam o eliberare imensă. Super Mario scoase vata. Să fi fost știință, să fi fost tupeu? Nu vom ști niciodată! Omul rânji pe sub mustață, apoi plecă grăbit, către cine știe ce alte misiuni fantastice, lăsând în urma lui un aer de mister și dansul perdelei din plastic pe care o dădu la o parte din calea lui. Nici nu i-am auzit vocea. Probabil se grăbea să desfunde vreo țeavă de scurgere pe undeva prin ditamai spitalul. Nu-mi venea să cred că am ieșit întreg și sănătos de acolo, după ce primul medic îmi explicase ca unui tălâmb cum se curăță urechile cu bețișoarele.

Viața merită trăită, pentru că altfel nici nu știi ce pierzi!

DIVERSE

Și totuși, oricât ne-am chinui, fie că trăim 30, 50, 80 sau 100 de ani, viața tot scurtă e, tot repede trec anii. Așa că nu e de prea mare folos să ai parte de sănătate, dacă nu folosești timpul cu rost. Uneori pierdem ani pentru câteva momente memorabile. Ce poți face memorabil în viață? Poți călători în jurul lumii, poți face sport de perfomanță și te poți cățăra pe vârfuri de munte. Poți schimba viețile altor oameni, poți face voluntariat. Poți dezvolta afaceri, poți face lucrări de artă sau poți învăța să cânți la diverse instrumente muzicale. Folosește-ți timpul și talentele făcând lucruri care îți dau vitalitate, nu activități care ți-o fură. Viața e prea scurtă ca să faci un singur lucru, să aduni obiecte, să mulțumești pe toată lumea, să te compari cu alții sau să acumulezi bani și atât. Dacă trăiești în adevăr, în onestitate și iubire, nu poți da greș!... în adevăr față de tine!

Uneori, noi, părinții, trăim cu speranța că va face copilul nostru ceea n-am făcut noi și ne-am fi dorit, sau sperând că mai târziu odorul va da asta mai departe, ca unul dintre cei mici care vor urma să rezolve problemele, idealurile sau nevoile noastre, dar cine va mai trăi liber și fericit astfel? Aș vrea să trăiesc și eu viața mea din plin, tu pe a ta din plin și toți copiii din lume viețile lor! Mulți părinți cer prea mult de la copiii lor și pare că cei din urmă nu fac destul, și așa pornește a se învârti o roată în familiile lor, care nu se mai oprește...

Un părinte nu trebuie să dețină controlul asupra vieții copilului lui, ci îl poate ajuta să învețe să și-o construiască cât mai bine. Mai important decât asta este să iei decizii în mod conștient, decizii ferme și clare, ale tale, venite din mintea ta.

Noi nu suntem victime, ci constructori. Putem spune că jucăm câte un rol pe scena vieții, fiecare dintre noi având un altul, și fiecare joacă așa cum știe mai bine.

Știu că mulți părinți au așteptări de la copiii lor, dar mai ales gândul că aceștia din urmă îi vor salva, făcând lucruri mărețe, întrecându-și datul, schimbând lumea. Eu nu-ți cer să mă salvezi pe mine, doar să trăiești. Să nu îți pese că te vorbește lumea, să nu-ți pese ce haine porți sau ce culoare alegi pentru părul tău, atât timp cât ție îți face plăcere sau poate că nu-ți pasă, atât timp cât mintea ta va fi ocupată cu ceva mult mai util, practic, important, pentru sufletul tău. Nici măcar unul dintre oamenii rămași cu numele și fapta în istorie n-a fost considerat tocmai normal. Cu toții au ieșit din tipar, și cu siguranță în unele momente au fost arătați cu degetul pentru lucruri care acum poate că ar fi banale. Se spune că Eminescu nu purta pălărie pe stradă, atunci când se cerea acest lucru. Tu mergi înainte.

Ar fi bine să ai propria-ți viziune despre viață și lume, indiferent de ceea ce ți-am scris sau ceea ce-ți voi spune mai târziu. Dacă crezi că multe dintre cele scrise aici sunt exagerate, foarte bine. E dreptul tău să ai opinii și păreri. Dar nici tu nu-ți forța copiii să preia neapărat ideile tale și să trăiască viața ta. Lasă-i să-și construiască lumea lor, doar asigură-te că le oferi ce le trebuie ca să poată porni la drum și să poată învăța. Oricum vom face cu toții prostii câteodată. Asta e. Oricât îmi doresc eu ca tu să faci diverse lucruri sau să trăiești într-un anume fel, cine știe câte greșeli voi face și eu, unele din teama de a nu greși sau chiar din neștiință.

La o altă vârstă sfaturile mele ar putea fi altele, poate

mai înțelepte, sau din contra, rupte de realitatea vârstei tale de la acea vreme, dar îmi doresc să mă cunoști așa cum sunt acum, la o vârstă apropiată de aceea pe care o ai tu peste timp, acum, când citești aceste rânduri, iubita mea. Mi te imaginez adesea, atunci când îmi pot rupe ochii de la gămălia de copil ce ești astăzi, bând bere, îmbrăcată în blugi, dar delicată, sigură pe tine, deșteaptă și puternică.

Mă gândesc, când te văd dormind, când îți văd pielea fină și îți simt mirosul dulce de bebeluș care umple camera, că oricare om care a fost și nu mai e, într-o zi dormea într-un pătuț și mirosea a bebeluș. Aproape că nu-mi vine să cred. Dar până când roata se va învârti din nou, respiri aer de munte, dormi pe târnaț, hrana îți vine din legume proaspete de grădină, iar apa din izvor. Câteodată, când e timpul potrivit, te plimb prin curte și îți arăt munții de peste vale, ori livada din care nu peste mult timp vei mânca mere, pere, nuci, prune, piersici, alune și cireșe. Chiar dacă tu dormi strânsă în brațele mele, ca și cum mi-ai asculta inima, îți șoptesc că pământul acesta e cuibul nostru sfânt și cea mai de preț moștenire materială pe care o poți primi, un loc iubit, fără ierbicide și fără gropi cu gunoaie, iar dacă nu vom reuși să oprim măcelul venit prin poluare, aceasta va fi unul dintre cele mai curate locuri de pe Pământ în care-ți vei putea hrăni trupul și sufletul, și copiii, loc care mă hrănește acum pe mine, pe mama ta, pe tine, și de multe ori pe prietenii noștri. Să-l păstrezi ca pe o oază de viață, iar de vei porni prin lumea largă (că bine ar fi s-o vezi, să-ncerci, să înveți și apoi să alegi), să știi mereu că te vei putea întoarce oricând, pentru o vreme sau pentru totdeauna, la izvorul tău curat, care te așteaptă de dinaintea amintirilor tale!

Tu nu trebuie să dovedești nimănui nimic. Asta fac foarte mulți oameni și nu înțeleg că pierd ani mulți din viață devenind ceea ce alții așteaptă de la ei. De asta îți spun, din nou, nu trăi pentru nimeni altcineva în afară de tine. Fă ce simți tu, ia ce crezi că e util în ceea ce îți spun, dar nu trebuie să faci nimic din toate astea. Repet, toate cele scrise aici vin din nevoia mea de a ți le spune, nu din obligația ta de a le respecta și aplica.

Dar un singur lucru îți cer! În nopțile senine, când e liniște deplină, oriunde te-ai afla, poți să auzi urletul înfundat al vorbelor nespuse. El vine din frustrările care explodează în tot felul de acțiuni tâmpite, în fiecare clipă, undeva în lume, pentru că dansul nu a fost dansat, cântecul nu a fost cântat, sânul nu a fost golit de lapte, copilul nu a fost născut, inimile au rămas goale sau dragostea netrăită, iar mulți dintre cei care încă au șansa să le spună, au vorbit orice altceva până acum, dar nu ceea ce trebuia. Vorbele importante rămân adesea nespuse. Acesta e un blestem pe care l-am rupt pentru noi scriindu-ți aceste scrisori. Nu e atât de important că am suferit în copilărie, nu e mai important că nu mi-am cunoscut tatăl, nu e mai important că am făcut multe sau puține în anii mei, ci cel mai important e că, atunci când ne vom despărți, vom fi știut cine am fost, ce am însemnat unul pentru celălalt, ce am fi putut face sau ce am făcut, de ce sau cum am trait într-un anume fel, pentru că nu vom lăsa cuvintele și gândurile noastre să dispară odată cu noi! Asta îți cer să duci mai departe!

Atât!

Și, iată, mă întorc la prezent, la tine bebeluș, pentru că am ajuns, plimbându-ne prin Castel, la ușa care duce către viața ta. Dincolo de ea vei putea găsi orice dorești și vei putea face orice, dar cel mai important este ca acolo să trăiești. Să fii! Te vei putea întoarce mereu la încăperile prin care te-am purtat, pentru că ușile lor îți vor fi mereu deschise.

Ai început să umbli. Între timp, printre rândurile mele, a trecut un an de zile. Acum te joci prin iarba moale, bei apă de izvor, alergi după puii de găină, cărând în pumni pietricele sau boabe de grâu. Ai învățat să miroși floarea de liliac.

Astăzi te-am luat în spinare și am plecat împreună în pădure. E o zi rece de iunie. Încă facem focul dimineața la bucătărie și seara în dormitor. De-ar fi avut ochi cireșul ce veghează deasupra curții noastre, ne-ar fi putut vedea înaintând printre prunii și nucii bătrâni, în sus, tot mai sus.

Printre florile sălbatice care dansau în mirosurile vii și felurite ale verii, între cântecele păsărilor și zumzăitul gâzelor, mama ta se strâmba și se schimonosea în spatele nostru, ba se arunca înainte, ba sărea, prin iarba care ar fi trebuit să fi fost deja cosită, strigând:

— Stai s-o prind, stai s-o prind de picioare!, iar tu râdeai și chicoteai. Ne opream și te aruncam în sus, după care iar te strângeam în brațe și înaintam. Tu îți băgai mânuțele sub brațele mele și mă strângeai cât puteai de tare, plecându-ți capul pe pieptul meu ca și cum ai fi vrut să-mi asculți inima.

Apoi, mai spre seară, în casă, veneai spre mine, trecând de pe o măsuță de copii pe partea scurtă a colțarului de bucătărie. Ai făcut un pas ca și cum ai fi sărit fără teamă peste un gol sau peste un pârâu, și nu te-ai ținut nici de masă și nici de spătarul colțarului, pentru că mă știai acolo. Nu te-am ajutat deloc, dar tu ai făcut pasul pentru că ai avut încredere în tine, în mine, în noi! Mereu voi fi acolo, nu ca să te prind din cădere, ci ca să te văd cum învingi, folosindu-ți forța incredibilă ce stă în sămânța aceea mică și verde din inima ta!

Munca, frământările, visurile și dragostea multor generații de oameni care au vâslit vremuri întregi prin furtună pentru a trece valuri înalte, pe care astăzi cu greu ni le putem imagina, pentru ca eu, sau poate tu, copiii tăi sau poate copiii copiilor tăi să ajungă la mal, s-au împletit într-un fir pe care te răsucești de acum și tu, adăugându-ți peste un timp priceperea, eleganța, curajul și dragostea peste toate cele ce au fost. Asta înseamnă NOI, familia noastră, iar tu ești o întindere, un val de ușurare, un ram al unui arbore mare și bătrân, și viu. Vocea ta este vocea mea și a tuturor celor datorită cărora trăim, iubim și suntem ceea ce suntem.

Acum te las să-ți vezi de viață, pentru că ai multă treabă. Eu trebuie să mă ridic de la masa poveștilor noastre, dar ele vor rămâne aici. Mă îndrept spre vârsta la care mă vor bucura un pahar de coniac franțuzesc și-o pipă.

Te las de mână, dar nu plec nicăieri. Mă vei putea găsi oricând. Nu va trebui decât să închizi ochii și să vii la mine, iar eu voi fi chiar aici, în inima ta!

Să ştii în inima ta că oriunde m-aş afla, oricând şi oricât de departe în timp sau în spaţiu, dragostea mea pentru tine te va înveli ca o haină de lumină, te va hrăni, te va proteja şi nu te va părăsi niciodată, pentru că am fost unul şi acelaşi, şi aşa vom rămâne mereu!

În infinitul ăsta ciudat, printre miliarde de clipe şi fire de praf, suntem aici, împreună. Aşa s-a întâmplat, să fii a mea, să te iubesc. Pe veci!

Cu dragoste,
Tata

PS: *Răsucindu-ne pe-un fir de iubire*

Într-o zi mă vei privi cu dor într-o poză,
Dar astăzi, în munţi, te plimb în spinare
Ai obrajii roşii, porţi o rochiţă roză,
Şi râdem împreună, pe uliţa copilăriei tale.

LIVADĂ 3

— Lasă-te purtat de vorbele mele încă puțin, îmi spuse Serena, peste cântecul naturii, prinzându-și o șuviță de păr după ureche. Închide ochii și doar ascultă, zise.

O pală de vânt abia simțită mângâia frunzele copacilor, iar ramurile lor se uneau ca într-o horă a bucuriei în jurul nostru. Norii rari se risipiră pe cerul albastru, iar soarele sclipea din nou în părul Serenei ca și cum s-ar fi oglindit într-o apă unduită de vânt. Am închis ochii.

— S-a întâmplat să-mi fii ghid, să-mi fii tată, sau poate chiar eu te-am ales. Ești aici pentru mine, ai fost mereu aici și m-ai făcut să înțeleg că viața e frumoasă așa cum e. Pentru asta te iubesc!

Aș fi vrut să-i răspund, dar mă rugase să ascult.

Insectele parcă ar fi cântat și ele odată cu păsările a căror simfonie ne atrăgea tot mai adânc într-o spirală, într-o lume de basm.

— Acum, că jocul nostru s-a sfârșit, deschide ochii și vezi prezentul. Revino la noi!

După câteva secunde, după ce ochii mei și lumina redeveniră prieteni, m-am găsit privindu-o pe Serena din nou. Imaginea mă umplea cu totul, umplea și livada. Atâta forță vedeam în ochii și mâinile ei, și atât de multă pace și lumină înveleau tot ceea ce ne înconjura. Nu știam dacă ochii sau mâinile ei îmi spuneau mai mult fără cuvinte.

— Cum a fost, tată?

— Interesant, așa cum bănuiam. Voi avea mult de gândit asupra acestor discuții. Mă simt mulțumit și împăcat!, i-am răspuns.

Privind în jur ca și cum aș fi urmărit niște gâze zburătoare, mi-am spus cu glas tare:

— Funcționează! Nu doar că pot vorbi cu părinții mei oricând, dar mă pot pune în locul lor!

— Înainte de a ne întoarce, aș vrea să-ți mai spun ceva, insistă Serena, în timp ce împăturea scrisorile pe care le ținuse în brațe în tot acest timp, și le puse pe bancă. Sunt eu, aici, în fața ta, dar nu sunt singură.

Am tras aer adânc în piept, și nu după multe clipe am privit apoi mâinile mele de astăzi, realitatea, prezentul. Palme obosite de vreme, mâinile bătrânului care am devenit. Jucasem rolul tânărului care am fost, vorbind cu mama, vorbind cu tata. Jucasem rolul celui care se pregătea să aibă un copil cu mulți ani în urmă.

Serena scoase din rucsac o pipă, tutun și o brichetă. Desigur, știam să le mânuiesc. Mai scoase și o sticlă mică, și mi le puse pe toate în palmele întinse, ridate și bătrane, întinzându-se de pe băncuța pe care stătea. A luat ceva timp să le potrivesc, dar a avut răbdare.

— E coniac, zise, în timp ce eu îndesam tutunul în pipă.

A așteptat să aprind tutunul și să pufăi. Am deschis sticluța, am luat o gură din băutură, am plimbat-o pe cerul gurii și apoi am înghițit-o. În mâna stângă țineam pipa, iar mâna dreaptă, în care țineam licoarea, am întins-o pe spătar. Mă simțeam ușurat.

Serena luă din nou scrisoririle în mână.

— Tot ce ți-am scris acolo e ca și cum ar fi fost pentru mine. Tot ce ți-am scris, ți-aș spune din nou, am continuat eu. Bun coniacul!, am adăugat.

Serena părea și ea mulțumită de jocul nostru, pe care l-a plănuit foarte bine.

— Pentru tine cum a fost?

— Îmi imaginam că vă cuprind în brațe pe toți și zâmbeam, spuse ea, pentru că am închis și eu ochii atunci când vorbeai cu bunicii și v-am zărit pe toți în gând. Pe toți, ținându-ne de mâini și bucurându-ne împreună de lucruri simple. Un fir de iubire leagă inimile noastre pentru totdeauna. Inima mea e legată de atâtea inimi care au bătut atâta vreme, ca să se adune și ca să bată mai departe în inimile noastre. O vreme pe Pământ, în gând și în cântecel, și veșnic în inimi. Nu suntem singuri, nu am fost singuri și nu vom fi singuri niciodată, ci toți împreună, în același gând, în inimi, în același cântecel.

— Așa suntem noi, așa e dragostea noastră care vine de foarte departe și nu se va risipi, pentru că o vom crește mereu!

— Îți spuneam că mai ai o provocare de trecut, cea mai mare de până acum. Ești pregătit?

— Da!

— Nu știu cum s-o spun mai bine, dar voi încerca așa... în curând vei auzi din nou cântecelul nostru! Să-nă-ta-te, pace, dragos-te!

Am tras un fum din pipă, ca să ocup acel timp de răspuns cu ceva, încercând să procesez ceea ce îmi spuse.

— Vei fi bunic! zise ea, radiind de fericire, ridicându-se și năpustindu-se să mă sărute apăsat pe obraz.

Păsările și gâzele se jucau prin aer și se ascundeau printre frunzele copacilor, în timp ce soarele își întindea razele ca să le prindă, împiedicat pe alocuri de umbra ramurilor. Cu ochii umezi ne priveam adânc unul pe celălalt. Apoi mi-am ridicat privirea către cer, amintindu-mi de mama, de tata, de bunici, şi de poza în care o îmbrăţişam şi o sărutam pe Serena atunci când era mică. Eram toţi acolo, în acea îmbrăţişare, şi avea să se întâmple din nou!

ÎNCHEIERE

De când am scris acele prime scrisori și până astăzi, multe ape au curs din izvoare către mările lor, apoi s-au întors prin ploi ca să curgă din nou, oglindind cerul senin și lumina, stelele nopții și tot ceea ce întâlnesc în drumul lor fără sfârșit. Soarele răsare în fiecare zi peste Pământ, luminându-l și încălzindu-l, fără să obosească. Bătrânul Rege domnește și astăzi peste toate tărâmurile lui știute și neștiute. Iar noi..., noi purtăm dragostea multor generații de oameni în inimile noastre și ducem înainte datoria de a păstra lumea curată pentru cei care vor veni ca să trăiască aici în urma noastră, pentru cei care ne vor purta tot timpul în inimile lor. Datoria de a duce mai departe iubirea și tot ce e mai frumos în oameni e veșnică.

Acum sunt la birou, e primăvară iar, și focul din sobă încălzește încăperea așa cum se întâmpla și cu multă vreme în urmă. După ce i-am trântit iernii insistente ușa în nas, mi-am pierdut privirea pentru câteva clipe în flăcările care se ridică învăluind lemnele aflate dincolo de sticla şemineului. Am tras sub mine scaunul comod şi m-am aşezat pe pătura pufoasă aruncată peste el în faţa biroului. Apoi, în spaţiul lumii de dinaintea amintirilor tale, am şezut o vreme cu ochii închişi şi mi-am adunat gândurile, ca să le pot culege în cuvinte pentru tine. Sorbind câte o gură de cafea, în timp ce le aşez, iată, pe albul pe care vor rămâne pentru totdeauna pentru tine, de la bunicul tău:

Dragostea mea mică,

am atât de multe să îţi spun...

MULȚUMIRI

Când vine vorba de mulțumiri îmi vine greu să nu mă ascund. Aș putea spune *Mulțumesc!*, dar știu ca asta ar înseamna atât de puțin în fața generozității celor pe care i-am întâlnit în drumul meu. E aproape nimic!

În orice fel aș aranja cuvintele și oricât aș reformula aceste rânduri, tot nu aș putea descrie recunoștința mea pentru cei pe care mă bazez, pentru cei cu care colaborez, pentru cei care m-au ajutat de multe ori de-alungul timpului, chiar și atunci când nu m-au înțeles, și pentru cei care mă susțin fie și prin gândurile lor bune, care înseamnă atât de mult și sunt atât de prețioase.

Nu știu cum aș putea escalada munții, pe care viața nu ezită să-i scoată uneori în drumul meu, fără sprijinul vostru! Nu e suficient să vă mulțumesc prin cuvinte, de aceea mă voi strădui să fac lucruri bune care sper să vă atingă într-un fel sau altul, chiar și indirect, iar după ce voi scrie ultimul cuvând al acestui text, voi stinge lumina, pentru că este seară, şi mă voi ruga să vă fie bine, oriunde v-aţi afla.

Mă înclin în faţa Dumneavostară, Oameni dragi!

Nu înţeleg ce am făcut ca să vă merit, dar sunt onorat să traversez timpul vieţii mele avându-vă alături!

VIAȚA, CEL MAI FRUMOS CADOU

Este o carte care se bazează pe întâmplări reale, idei și planuri despre aspecte importante ale vieții. Toate poveștirile dezvăluie experiențe care te pot ajuta să îți găsești propriul drum în viață, indiferent de statutul social, mediul în care trăiești sau norocul pe care crezi că îl ai sau nu. Aceasta este cartea sufletului meu, simplă și sinceră, cartea pe care mi-aș fi dorit să o fi primit în dar cu mult timp în urmă...

DEVINO REGE SAU RĂMÂI PION

Banii nu trebuie să devină un scop, ci o unealtă, un element cu ajutorul căruia te vei putea elibera din lanțurile sistemului care te exploatează din momentul în care ți-ai reglat ceasul deșteptător pentru prima ta zi de muncă. Acest sistem, atunci când te prinde, te poate face să îți vinzi timpul, să renunți la plăceri și, în unele cazuri, să te îndepărtezi de drumul pe care îți dorești, de fapt, să călătorești prin viață. Mai mult, te face să pierzi din vedere alte posibilități, oarecum îți spală creierul de visuri și te setează pe o singură direcție. Majoritatea oamenilor acceptă acest sistem ca pe o moștenire primită de la părinți și adoptă credința care spune că acesta este singurul mod în care oamenii pot să trăiască. Cei mai mulți dintre ei vor rămâne fideli acestei credințe pentru toată viața, educându-și urmașii în același fel. Iar ceilalți, puțini și liberi, îi vor conduce!

MUTAT LA ȚARĂ – VIAȚA FĂRĂ CEAS

Se întâmplă uneori, dar în zadar, să căutăm dincolo de noi și de ale noastre, peste mări și țări, ceea ce avem dintotdeauna acasă. O căsuță frumoasă din lemn, lavița din târnaț, cuptorul de pâine, căței și pisoi, izvoare și păduri, copilul care-ai fost și o mulțime de noi prieteni, milioane de stele și cerul, potecile și văile munților, undeva la țară...

...toate te așteaptă!

www.ingramcontent.com/pod-product-compliance
Lightning Source LLC
LaVergne TN
LVHW010219070526
838199LV00062B/4662